U0455630

主　　编　吴定海

副　主　编　范伟军

执行编辑　蔡燕娟　成维斌　贾珊珊　张巧睿

吴定海 / 主编

深圳市民文化大讲堂 2019年讲座精选

上册

The Selections of
Shenzhen Civil Lecture on Culture
(2019)

社会科学文献出版社
SOCIAL SCIENCES ACADEMIC PRESS (CHINA)

【目 录】 Contents

上 册

1

下 册

一

先行示范区和强国城市

"一带一路"与中国经济特区走出去

曲 建

曲 建

　　中国（深圳）综合开发研究院副院长，商务部聘任专家、享受国务院政府特殊津贴专家、国家注册投资咨询工程师。主要研究领域为区域发展和产业规划。先后主持了百余项国家和地方的重大调研课题。

　　谈到中国经济特区走出去的话题，我们首先要回答一些问题：人家欢迎我们什么？我们有什么能力走出去吸引别人的注意力？当我们的眼光从深圳、从国内转向全世界的时候，我们就会发现有一个全球发展的重大命题等待着深圳人去破解。

著名的杂志《科学》（Science）创刊 125 周年之际，列举了世界上 125 个尚未解决的难题，包括我们是谁，我们是从哪里来的？涉及哲学、自然科学等领域。而第 119 个难题是："为什么人类使用了各种方案改变撒哈拉以南地区的贫穷状态，但全部以失败而告终？"就是说撒哈拉以南地区的非洲人类社会用了各种办法促进当地的经济发展，但是都失败了。那么撒哈拉以南的贫穷问题还有没有办法解决？

我们拿中国来做比较。1992 年之前中国的人均 GDP 水平是低于非洲的，就是说在 1992 年之前我们比非洲还贫穷。1980 年中国的人均 GDP 是 150 多美元，当时的非洲撒哈拉以南地区人均 GDP 是 470 多美元，直到 1992 年我们比非洲都要贫穷一些。1992 年邓小平同志南方谈话，促进了经济更快的发展。也就是从 1992 年开始，中国经济一路高歌猛进。所以人家非常关心的就是你的经济发展是怎么实现的。而撒哈拉以南地区的经济发展为什么几乎是一条水平线？

再对比深圳的人口和 GDP 的变化情况。1980 年的深圳解决不好 30 万人的生存问题，2018 年深圳解决了 1800 万人的生存和发展问题。深圳的人均 GDP 在 1980 年只有 70 美元，现在已经达到 2.9 万美元以上。西方的领导人、非洲的领导人、亚洲的领导人都关心的一个问题就是：中国经济特区可复制、可借鉴的发展经验是什么？

经过一番对比之后我们发现，在中国的高速成长这条发展"曲线"里，如果扣掉以深圳经济特区为代表的所有经济特区的增长，扣掉经济技术开发区的增长，扣掉高新技术园区的增长，扣掉海关特殊监管区的增长，一句话，就是把中国开发建设的新区域的增量部分拿掉，再看余下的部分，我们发现中国经济增长的幅度并不十分惊人。这说明了什么问题？对于中国经济的发展新区域的开发建设模式是非常重要的因素，是推动着中国取得改革开放成就的一个很重要的原因，而整个新区域的开发是始于1980年以深圳经济特区为代表的开发模式。

深圳在过去40多年的进程中究竟发生了怎样的变化？我们为什么要拿这些数据跟非洲的国家、亚洲的其他国家、欧洲的一些国家去说呢？就是因为他们的领导人来过深圳，看到了深圳的变化。

比如我们在接待埃塞俄比亚领导人的时候，他跟我们讲1974年的时候他是一个学生，来到深圳，站在罗湖口岸回望深圳，当时是一片荒山野岭；1994年的时候他结婚了，带着夫人又一次来到深圳，也站在罗湖口岸回望深圳，一片热火朝天的大工地；2014年的时候他又来到了深圳，带着他的夫人、孩子，带着重要部门的部长们一起来到了深圳。他把这些部长带到深圳的原因是他在非洲讲中国有一个城市用了30年的时间建设成了一个非常现代化的大城市，没有人相信，今天他把部长们带来了，要让他们看看这不是在讲故事，是真实发生的事情。我们从他的话中可以发现外面的世界其实并不是很了解中国。也基于埃塞俄比亚政府的邀请，中方到埃塞俄比亚专门规划他们的经济特区，现在他们已经有经济特区在建设了，经济增长的速度明显加快。

我们要走出去，介绍深圳的经济发展，人家首先要问的一个问题是，你的发展成就到底有多大？很多外国人不了解深圳，我们介绍深圳的时候要拿深圳和香港进行对比。1979年的时候按照当时的市场价，2500个深圳创造的GDP等于当时的一个香港；到了2018年，深圳GDP的总量已经超越了香港。这个数据不是深圳公布的，而是香港公布的，一方面香港发展并不算慢，且继续保持着快速的增长，但深圳迅速地追赶，现在已经超越了香港。

2015 年著名杂志《经济学人》对全球经济特区做了一次排行，深圳经济特区是 4300 个经济特区里的第 1 位。这在发展中国家引起了非常大的震动，他们认为可以把深圳开发建设和管理运营的模式复制到他们国家，解决贫穷问题。这种经济特区的模式导入能否给非洲带来一个新的发展机遇？让我们拭目以待。

一路走来，我们发现发展中国家对中国经济特区的发展经验表现出极大的兴趣，这里面有埃塞俄比亚、科威特等众多国家。我们现在已经帮助许多非洲国家规划了产业园区、工业园区、经济特区。现在一些中东国家也对此非常感兴趣，他们在想尽一切办法实现去油产业。以科威特为例，它的人均 GDP 水平达到 2.6 万美元，中国深圳是 2.9 万美元，但是科威特人很清晰地认识到他们的 2.6 万美元靠的是地下打出来的石油，再一看深圳地下一滴石油都打不出来，也能创造 2.9 万美元发展的奇迹，所以他们就想着"去石油"，所以提出建设丝绸城等经济特区的方案，我们也应邀到这些国家帮助他们规划经济特区。

我们也考察了迪拜，因为阿拉伯国家对迪拜发展模式给予了高度的关注，他们认为有两个地区他们非常想复制：一个是迪拜的服务业模式，另一个就是深圳的制造业模式。

我们分别在非洲、亚洲、欧洲对比研究他们对中国经济特区的需求，以及他们本国在发展过程中所遇到的一系列特殊问题。我们发现差异非常大，一个国家一种模式，深圳的经验只能有一部分可供他们借鉴。

我们自己的规划人员出国前都要进行培训，以适应当地的文化。比如说我们的科研人员在别的国家帮助建设经济特区，但是当他们到有关的国家之后发现很不适应，当地人吃饭的时候不用刀叉，而是直接用手去抓，这样的习惯我们也要适应、了解，要想办法与他们沟通。再如我们在开会的时候，早上9点钟开会，8时50分所有中方的官员和中方的专家全部到了会场，可是9时30分对方还没一个人来；他们习惯性地通知9点钟开会，而会议10点钟才正式开始。我们的专家也需要去适应他们这样的文化。

又比如中国在非洲国家招商引资时有一套完整的方案，他们现在也学会了，用中国这套方案去吸引投资。但是当地官员根本不知道如何去服务产业，我们告诉他们经济特区的产业、投资人应该得到什么样的服务，政府应该给予什么样的服务，他们才知道原来是这样的。通过这样的交流让他们慢慢地认识到我们的经济发展是怎样实现的。

为了更广泛地让当地官员了解深圳，了解深圳的发展，增强他们对建设经济特区的信心，我们带了一组图片向他们展示。我们用相同位置上不同时间的照片来展示深圳发生的巨大变化。

他们会问深圳实现了这么大的一个发展，你们非常成功，你们是怎么成功的？你们是怎么建设的？你们能给我们带来什么？我们告诉他们中国人通过建设经济特区掌握了一套完整的园区开发建设和管理运营的科学体系。

深圳经济特区一共由3000个以上大型产业园区所构成，今天我们所看到的辉煌的成就是产业园区衍生出来的产业，而它的背后是若干个产业平台，3000多个产业园区在支撑着整个深圳经济的发展。深圳是中国众多城市里面产业园区种类非常齐全、数量非常庞大的一个城市。通过这3000多个产业园区，我们把各类产业分别装入不同的产业空间，所以今天深圳有发达的高新技术产业。园区里有保证庞大产业发展的完整的产业配套体系。深圳的核心竞争力之一就是拥有这套产业体系和产业体系背后的产业园区。

我们通过深圳的发展可以帮助他们认识到发展中国家在经济发展过程中遇到的三大难题，这些难题可以通过借鉴深圳的发展经验寻求解决。

第一，落后的制度与缓慢的经济发展之间的难题相互交织。经济要发展，要有现代制度，现代制度需要改革，改革需要成本，成本需要有经济的成长——"鸡生蛋蛋生鸡"的问题交织在一起。而深圳破解了这个难题。

第二，很多发展中国家一味地依赖援助，没钱了就指望有钱的国家，要求捐款。而深圳开辟了一条用合作开发的方式促进经济发展的道路。

第三，基础设施严重落后。中国有一套完整的方案解决了这个问题。

"一带一路"国家非常关注的是中国的能力。第一，大型基础设施的建造能力。中国现在基础设施的投资、建设能力非常强大，似乎没有干不成的工程。第二，大型产业园区的打造能力，特别是经济特区的构建能力。我们可以把一块荒地建设成一个非常现代化的工业城市或者是一个服务业城市。第三，招商引资能力。

走出去是中国经济发展的阶段所决定的

我们一路走出去，走到了中东国家，走到了非洲，我们获得了什么？如果我们走出去仅仅是援助，很显然是不可持续的，援助的力量也是非常有限的，要想让我们走出去的投资实现可持续的增长，就要让我们的投资与我们走出去这个阶段密切地融合在一起。

中国从 1992 年开始引进的资金大幅度增长，远远超过中国走出去资金的增长，直到 2004 年，中国都是通过大量引进外资来推动自己的发展。从 2004 年到 2015 年中国发生了一个非常大的变化，中国对外投资额迅速增长，速度超过了引进资金，两者之间的差开始明显减小，现在中国走出去的资金超过了引进来的资金，用形象的一句话就是"中国人毕业了"。

2015 年以后我们除了要保证本国的经济发展，还要走出去寻找发展机遇。经济学上有一个中等收入陷阱概念，意思是你的收入水平不断地上涨，工人的工资要求不断地上涨，而本土已经难以创造出更大的市场空间，产业没有办法实现可持续发展可能就会掉入中等收入陷阱。

欧洲、美国、日本、韩国、新加坡这些发达的经济体，还有我国的台湾、香港，在经济发展到一定程度的时候，就开始从引进来的阶段变成走出去的阶段。深圳现在人均 GDP 2.9 万美元，是一个发达经济体的水平，毫无疑问深圳是中国依靠非资源类产业推动经济成长的最典型的一个城市。深圳一定会成为带头向境外发展并拓展空间的城市，这是中国整个经济发展的阶段所决定的。

回看欧洲、美国、日本、韩国等经济体，他们在走出去的时候都干了些什么，再看我们走出去的时候要干什么。现在西方有一批媒体攻击中国，说中国走出去就是挖煤、挖矿、采油。那么美国人在 1950 年之前到其他国家投资都干了些什么呢？40% 以上的投资用于挖煤、采矿、搞石油，一句话就是以资源开采型产业为主导。再看日本 1972 年之前到国外投资干了什么：挖煤、采矿、抽石油。韩国在 20 世纪 90 年代也是这样。中国在 2013 年的时候走出去的能源资源类投资占比达到高峰，和美国 1950 年、日本 1972 年的时候非常相似，所以请不要指责我们，因为大家在经济发展的阶段上都走过了相同的道路。我们发现欧洲是第一波、美国是第二波、日本是第三波、亚洲四小龙是第四波，我们是第五波走出去的，大家都是这样在发展历程中一步一步走过去的。

美国 2011 年的时候走出去的矿产、能源类投资已经降低到总投资量的 4.5%，从 40% 一路下跌到 4.5%；日本从 40% 一路下跌到 2% ~ 3%。而与此同时，制造业一路高歌猛进，美国从 1950 年的 18.2% 上升到 1989 年的 41.7%。日本、韩国也走了相同的道路，他们从矿产投资越来越多地转向了制造业投资。这给我们带来一个很大的启示，中国 2013 年资源类投资达到顶峰以后，下一个阶段高速增长的产业将会是制造业，这将成为中国走出去很重要的一个环节。目前制造业走出去有美国和日本两种不同的模式，中国现在已经很清醒地认识到绝不走美国的模式，我们可以把最主要的制造业留在本土，所以近段时间中央开始对增值税进行下调，这对制造业是很大的利好。

整个珠江三角洲其实已经悄然行动起来了，我们看 5 年前已经开始向外布局的企业集中在食品、玩具、钟表、服装、纺织、印刷等领域，5 年后我们发现排在前列的是 IT、化工等。可以得出一个结论：5 年前走出去的产业主要是劳动密集型产业，5 年后资本密集型产业开始向外布局，将来很有可能技术密集型的加工组装环节也要向外布局。这是二战以后全球供应链转移的第四轮布局，第一轮发生在 20 世纪 50 年代，欧美把制造业的供应链系统放在日本；第二轮发生在 70 年代，欧美把供应链系统放在亚洲四小龙；第三轮发生在 90 年代，1992 年邓小平同志南方谈话以后全球供应链系统向以深圳经济特区为首的珠江三角洲地区，和以上海、苏州为首的长江三角洲地区进行了集结。我们发现一个规律，每隔 25 年左右，全世界的制造业供应链搬一次家，现在到了 25 年、26 年的时间段，这些企业开始悄然寻找着下一轮的经济增长点和投资的热点。根据历史经验，凡是能抓住这一轮产业转移机遇的国家和地区，就是下一轮经济发展的赢家；谁能够成功转移出去部分加工组装环节，谁就是产业升级的赢家，关键是我们要把控好节奏。

现在珠江三角洲地区的产业开始向外搬迁。5 年前他们最主要的搬迁原因是降低成本，5 年后最主要的原因已经升级为占领市场。今天的制造业跑到别的国家经济特区投资建设企业，目标是占领这个国家的市场。比如 5 年前有深圳的企业做腰果生意的，它去别的国家找更便宜的地方。现在它的思路已经转变了，它在考虑加工出来的腰果怎么去占领全球更大的市场，把自己的企业做大做强。

我们走出去的路径是什么呢？40 多年前邓小平同志让中国搞了深圳经济特区，深圳的经济发展起端于来料加工：把别人的机器设备、资源或资金引入中国，通过使用别人的资源、资本加工组装产品，赚取一点劳务费出口到境外市场。这就是我们所说的来料加工。今天，我们可以带着原材料、带着机器设备和资金到更便宜的地方、市场空间更大的地方建设加工点，把加工组装出来的产品卖出去。

现在中国产品出口到美国市场，美国人跟我们打贸易战，指责中国有大量的贸易顺差，但是我们仔细一看当今世界贸易的统计规则是谁生产终端产品谁吃亏，因为生产终端产品所有的价值全都计算到终端组装国一方，而终端组装国就挣一点加工组装费，但按照原产地规则产品全部价值都算在你头上，国际贸易这样计算，但是没有办法，国际贸易规则是这样计算价值的。所以我们要想办法，借鉴当年的来料加工方式，尽快转移产品产地，以带料加工方式，把终端制造的环节带入东道国。一方面，东道国非常欢迎，因为从过去的单一贸易出口变成了投资带动当地的就业。另一方面，中国企业可以建立第二条国际供应链体系，保障自己的产品在国际贸易竞争中的安全。

走出去的中国特区发展经验

目前走出去的中国企业反映，到东道国去投资、设厂，遇到的突出问题是：第一，基础设施非常不完善，缺电少水，而且工人经常说走就走，拿了工资下个月就不来上班了；第二，产业的配套能力很差，找一个螺丝找不到，找一个维修工找不到，配套严重不足；第三，上游的原材料供给不足；第四，优惠政策不够；等等。

在落后地区解决这些问题，中国的有效方案就是建设经济特区。建设经济特区要出台优惠政策，要获取土地资源，要把周围的基础设施建设好，这些条件全部具备了，投资的企业才有可能引进来。

与此同时，中国企业也要做好风险防范。我们经常遇到的情况是：到一个国家投资，好不容易跟执政党谈清楚了、谈明白了，他们也学会了怎么建设经济特区，协议刚签完这个执政党下台了，反对党上台又要从零谈起，使项目建设周期拉长。所以如果说我们建设深圳经济特区需要 30 年完成，在风险动荡的国家建设周期要乘上一个系数——一般情况下要大于 2，建设周期比中国长得多。

再如土地风险，一地多卖：一块地卖给了几个人。我们去的东道国这种现象时常发生，因为他们的政府不断地更迭，同样一块地不同的政府都发了房地产证，这些问题都要在投资之前做好安全考量。

还有外汇风险，人民币和当地的货币兑换的汇率经常会出现断崖式的下跌。过去以美元方式投资，汇率出现风险后挣的钱完全不值钱了。并且他们外汇经常短缺，挣的当地的货币不能换成美元，挣了一堆当地的货币不知道怎么花，眼睁睁地看着它贬值。另外还会发生治安恶性事件。对此我们都要进行防范，做好财税、法律、政府、社会等方面的安排。

基于我们建设经济特区的经验，我们总结了一套走出去的特区发展经验和科学体系，概括起来称为"一二三工程"。"一"是帮助对方研究并出台一部经济特区法，不管执政党还是反对党，都要坐下来通过议会以法律方式颁布该法。我们帮助了好几个非洲和亚洲的国家起草了经济特区法律的草案，当然立法工作是当地的议会去完成的。这叫一部法规。"二"是二部规划：产业规划和空间规划。产业规划是要回答东道国建设经济特区的优势是什么，能发展什么产业；空间规划要解决优势发展产业目录出来后怎么合理布局，需要多少水、电、劳动力配套等。要指导东道国做好基础设施相配套的准备。"三"是三个报告。第一个报告是投资可行性报告。经济特区可持续发展的盈利模式是什么？中国园区很多是政府投资，可以不以营利为目的，但如果是企业投资必须以营利为目的，如果不以营利为目的，企业投资的园区迟早会经营不下去，盈利模式就是可持续的发展模式。这种商业模式在设计方案时必须一开始就讲清楚。第二个报告是项目的投融资方案报告。建设这么大的经济特区需要多少钱，每年年度资金的需求量多大都要测算出来。最后是第三个报告，要搞清楚整个园区建成了以后管理运营谁来负责。把整个经济特区的全流程管理都搞清楚，通过法规、规划、报告这样一套完整的体系，把所有的难点问题在开工建设之前就讲清楚、弄明白。

今天中国经济特区在走出去的路上所做的工作非常艰难，不亚于中国人 20 世纪 80 年代自己创业、建设经济特区的艰难程度。我们画了一条曲线告诉东道国，不要一看深圳高楼大厦每一栋楼可以收几十亿元的税金，就想着自己政府发财的机会到了。离收获的时间还很遥远。现在要干的事情是要走一条 S 形曲线，曲线下面的底是建设经济特区的亏损期，少要有 5 年，多要有 15 年；成长期又要等 10 年以上，最后是平稳发展，就是今天深圳所处的阶段。这个过程需要"一带一路"东道国的政府、官员、老百姓有心理准备，不要指望一开始就会取得这么好的成果，你们要有耐心，而且要保护好投资人。我经常向他们讲一句深圳很著名的口号，就是"让投资者赚到钱"，这隐含着深圳城市经营的一个理念，这是一个招商引资的口号，也是我们走出去、不断给"一带一路"发展中国家输入的观点。因为我们发现不少人都在想：中国人好有钱，来帮助我一下吧。我们可以来帮助你一下，但是帮助的背后一定要有实现可持续发展的路径。

我也希望通过"一带一路"倡议与中国经济特区模式走出

去，让深圳企业闯出一片新天地，实现未来40年的可持续发展模式。我更看好深圳的"80后、90后"这一代人，在我们"60后、70后"这代人的基础上建设好本土的深圳，再去建设一个海外的深圳，创造了GDP的价值之后我们再去创造一个GNP的价值，让中国人的强国梦真正得以实现。

湾区时代，深圳可以把握怎样的机遇

林　江

林　江

　　中山大学岭南学院经济系教授、博士生导师，教育部人文社会科学重点研究基地中山大学港澳珠江三角洲研究中心副主任。

　　我们看到，2019 年 2 月 18 日党中央、国务院颁布的粤港澳大湾区发展规划纲要里有两个重要的亮点。第一个亮点叫打造国际科技创新中心。也就是深圳要打造中国版的硅谷，香港要打造中国版的曼哈顿，如果这样的亮点能够形成的话，那就是国际科技创新中心。第二个亮点叫区域融合发展。就是珠三角的区域融合发展。其实这个话题并不新颖，最早在 2007 年广东省委、省政府就提出过中珠江、深广惠、广佛肇区域经济一体化的规划，并且是以改革发展规划纲要的形式，以国家发改委的名义来发布的。过了 11 年后，我们回过头来看，规划实施的情况似乎不太理想，区域融合的情况不是特别令人满意。

我们举个例子：广州和佛山。广州、佛山大家都知道叫广佛同城，那是 2009 年的时候广州和佛山两个城市的领导签了一个同城化的协议，两个城市同城化，相当于是同一个城市。过了10 年，我们回过头来看看这个同城化到底进展得怎么样呢。我自己感觉好像还是不尽如人意，比如广州打电话到佛山去，打固话要加 0757；佛山打电话到广州要加 020，如果是同城的话还要加区号吗？这里是用一个小例子来证明它同城的程度并没有那么理想，我们不能够说政府不在大力推进，政府部门还是很给力的，但效果并不明显。

第二个小例子，我记得 2010 年 8 月初，当时深圳市的主要领导率领了一个党政代表团去东莞进行考察，东莞市的领导也很重视，也带着东莞的各部门负责人去接待深圳党政代表团成员。他们是在哪里见的面？一般的理解是在东莞市委大院、市府大院进行会面和座谈，而事实上他们是在马路边见的面。为什么在马路边见面呢？据了解其中的主要原因是东莞市和深圳市的一把手行政级别不对等，因此两个城市的主要领导不能正式会面，只能以非正式的名义见面。最后用什么办法解决？那就是马路边上偶遇，非正式见面。这不是很久以前的事，也就是八九年前的事，东莞和深圳两个城市挨得那么近，还有那么多的繁文缛节。

我们一方面讲区域融合发展，另一方面却有很多限制区域融合发展、限制区域合作的障碍。这个障碍叫行政性壁垒。甚至我们经济领域也有很多的壁垒，不一定是关税，关税是国家和国家之间才有的，我们省和省、市和市之间是不会有关税的，但是我们有很多的障碍。

举个例子：我们很少在上海看到广东出产的皮鞋，同样在广东也很少看到上海出产的皮鞋。为什么这样呢？广东和上海都是制鞋重镇，各自都要保护自己鞋厂的利益，给对方的产品进入设置一些障碍，让这些产品很难流入本地市场。

这种障碍不消除，就可能影响下一个阶段我国对外开放和招商引资。为什么这么讲？我们国家领导人多次强调中国的大门一旦打开，不会再关上，我们国家的大门打开了以后只会越开越大，会持续招商引资，这是国策。现在我们碰到一个很现实的问题，就是当我们把门打开之后，外商可能不来了。主要原因是40多年前这些外商到中国来主要看重的是中国的廉价劳动力和廉价土地、租金。这些外商从事的主要是加工出口、贴牌生产，不需要有多少技术含量，产品也主要不是在中国内地销售，是在海外销售。到了今天租金已经不再廉价，土地已经越来越短缺，劳动力也不便宜了，再加上印度、越南、柬埔寨等国家在低端产业上跟中国竞争，所以劳动密集型产业要往那边走，这是我们想留也留不住的。

如果要维持我们国家的经济可持续增长，就要发展先进制造业，就是人工智能、无人机、无人驾驶汽车、生物技术等。所以中央领导告诉我们只能往高端化方向发展，提出我们国家只能走创新驱动的发展道路。

什么叫创新驱动？它包含两种：一种叫科技创新，另一种叫制度创新。

科技创新涉及技术研发。比如第五代移动通信，华为做得非常好，在世界上处于领先地位；例如无人机，我们大疆无人机在深圳做得也非常好；类似的还有像腾讯、比亚迪这些企业，都各有千秋。这些企业的存在其实是通过研发来推动科技创新的。

我们为什么要做科技创新？党的十九大报告指出，到2035年我们要基本实现社会主义现代化，到2050年我们要跻身世界一流强国。如果按照《中国制造2025》规划，我们要用三个10年时间实现从中国制造到中国智造，再到中国创造的目标。

为什么党中央、国务院要把粤港澳大湾区的规划纲要这么一个重要的政策大礼包给广东呢？我认为其中一个很重要的考虑是要解决制度创新的问题。就是既要对外开放又要自力更生。表面上这个是矛盾的东西，怎么把一个看似矛盾的东西变得融会贯通、相辅相成？这就需要我们动点脑筋，这不是仅推动科技创新就能够解决的问题，还要借助制度创新来推动科技创新，也就是说科技创新到了一定程度，如果没有制度创新来做保障的话，科技创新的推进就会越来越困难。

所以粤港澳大湾区最重要的工作要推动制度创新。这个制度创新，当然其概念是很广的，而且这里面就有区域融合发展的问题。

国家的"十三五"规划明确提出港澳要融入国家发展大局。而港澳实行资本主义制度，并且同属资本主义制度的港澳地区都还没有融合发展，港澳的经济制度、金融制度、法律制度、社会管理制度差异非常大。那么内地的9个城市怎么去跟港澳实现融合发展目标呢？首先在中国特色社会主义的这个制度下率先实现区域融合发展；港澳地区接着也要实现融合发展，然后再实现

"9＋2"地区的融合发展。在这个过程当中有一个很现实的问题：如何做到对外开放和对内开放的对接呢？

港澳是国际城市，而珠三角任何一个城市都不是国际城市。中国的对外开放按照大湾区的要求是要打造一个国际科技创新中心，谁代表国际？深圳能代表国际吗？广州能代表国际吗？实际上我们珠三角任何一个城市都够不上国际城市，真正的国际城市是香港，所以大湾区规划纲要里所提出的打造国际科技创新中心，国际两个字是由香港代表的。

因为香港有它独特的地位，有它的营商环境，它跟国际对接，它其实就是国际经济的组成部分，它就是国际市场重要的一环，它的司法制度比较公开透明，最重要的是西方社会、西方的市场、发达国家和地区是认可香港这样的机制和体制的，这非常重要。通过这样一种运作，包括索罗斯、巴菲特在内的一些国际对冲基金就可以到大湾区来投资，投资什么？投资大湾区的 3D 打印、无人机和无人驾驶技术、人工智能等。

你想想看，如果深圳要做国际一流的 3D 打印或者人工智能，是不是仅靠我们深圳去搞研发就可以实现？刚才说了，我们既要自力更生，也需要跟世界一流的运营商、研发商来进行合作。那么如何吸引一流的研发商、运营商？我们需要做到区域融合，打通 14 亿人口的市场，做到整个市场没有任何行政性的壁垒、行政性的障碍，这样的话这个市场就统一了，等于我们中国的内销市场这张牌就能够打得更响，你这张牌越响，人家越愿意到你这里来投资，特别是那些国际先进制造业愿意到这里来投资。

这里面的一个标志是什么？是国际的一流运营商来不来。为什么他们会来呢？他们是盯着索罗斯、巴菲特的，如果索罗斯、巴菲特这些国际对冲基金的经理来了，他们就来；也许他们对深圳还没有那么强的信心，但是他们对香港有信心。不仅仅是因为香港的研发做得多好或者它的科技创新做得多好，最重要的是因为香港是国际金融中心，它有比较受国际认可的营商环境，以及相对独立的司法制度。

过去很长时间我们讲跟国际接轨，在我看来主要是与英美的体系接轨。英、美和中国香港实行的都是普通法，有这样的普通法系作为基础，西方的这些运营商就有信心，就来投资了。来了以后，经过香港的作用进一步投资到我们的深圳和东莞等地，相当于把深圳和东莞的产业资源进行了国际化配置，也就是把内地的资源进行了国际化配置，从而吸引国际一流的运营商、研发商，这样才能实现粤港澳大湾区规划纲要中提出的国际科技创新中心，而不是纯粹的国内科技创新中心。这一点也是大湾区规划纲要颁布的重要背景。大家想想看，如果没有了香港，我估计大湾区这样的政策大礼包未必会落到广东、深圳身上，所以大湾区建设的重中之重是香港。

怎么样才能做到区域融合发展

大湾区规划纲要有两个亮点：一个叫区域融合发展，另一个叫国际科技创新中心。

区域融合发展最终结果是什么？我认为是打造一个统一的国内市场。这个就涉及对内开放。在对内开放方面我们已经有好几个国家战略，比如京津冀协同发展战略，还有环渤海湾经济区、长江经济带，甚至还有雄安新区，这些战略都是国家级的战略。我刚才提到，这些战略的重点是对内开放，而只有粤港澳大湾区这个国家战略是既有对外开放元素，又有对内开放元素。最近我们很高兴地看到，像广西、海南都提出来要积极地融入粤港澳大湾区的建设，看来湾区的经济腹地将来还有可能拓展到湖南、江西。

对外开放和对内开放刚好在粤港澳大湾区规划里面都体现了，这个融合过程需要制度创新。因为港澳是资本主义制度，广东 9 个城市跟港澳融合属于制度创新，需要实现机制、体制的突破。

另一方面的制度创新就是改革。大家可能会问一个问题，如果金融不开放会有什么后果？后果很严重。因为外商会不来投资。如果我是一个外商，要到深圳投资，向深圳的主管部门咨询，如果我在深圳投资赚了 1 亿元人民币，能不能带走？如果因为我们国家有外汇管制带不走，那他就不来。针对这种情况，我们国家 2013 年 9 月 28 日成立了上海自由贸易试验区，先在上海做一个试验，如果上海能做人民币资本项下先行先试的自由兑换试验，我们可以把这个经验复制推广到全国的其他地区。

这里面可能会有问题，一位银行界人士曾经提出质疑。他说假如南山区搞开放试验，人民币资本项下可以自由兑换，那么全国各地的资金就会涌到南山区来换美元，这就会成为一个缺口，会很麻烦。我认为这恰恰就是中央政府希望你做试验的地方。就是你不让他来换，他也可以通过地下钱庄、通过灰色甚至是非法的渠道把资金转出去。我最近阅读了一个研究报告，说最近几年每年通过各种渠道转出去的资金超过 1000 亿美元，这在一定程度上对冲了 2018 年我国招商引资的 1260 亿美元的总额。其实设立自贸试验区的目的就是让资金通过合法的渠道进出境，方便人民银行和其他监管机构密切监控，这样国家才能全面掌控真实的资金流动情况，再采取相应的应对措施。

中央政府最早希望上海自贸试验区能做这样的试验，这几年上海也一直在做努力，但成效还不是特别显著。2015 年国家又开放了广东、天津和福建 3 个自贸试验区，在这个过程中深圳发挥了重要的作用，其中，前海做了制度创新。前海只有 15 平方公里，把蛇口算进去也不足 30 平方公里，但从 2015 年以来前海自贸试验片区做出了重要的贡献，其中有一个贡献是供应链金融的试验，这个制度创新做得非常好。什么叫供应链金融？原来的银行是一对一，我把我的商业模式告诉给一家银行，并跟银行说我现在缺钱，你给我贷款，这是一对一的关系。这种模式在我们进入新时代后就出现问题了，比如说我们深圳有一家世界五百强企业叫富士康，是给苹果公司做代工业务的，富士康有超过 20 家供应商，他们去找银行申请融资未必成功，原因是这些企业都只是生产苹果手机的一个零部件，零部件厂商不太可能拥有品牌，没有品牌的企业得不到银行融资并不奇怪，然而，任何一家供应商的资金链条出问题，都会影响苹果手机的整体质量，对富士康也会产生影响。怎么办？供应链金融就应运而生。其本质就是让供应商集体跟银行协商，供应商手上都有给富士康的供货合同，银行当然相信富士康，因此要求这些供应商把中间零部件的货品放到一个银行指定的仓库，加上有供货合同，他们就可以把仓库里面的存货单拿给银行去质押取得贷款，这个业务叫仓单质押。供应链金融内容很丰富，我只是举其中的一个小例子。这叫一对多，一家银行对 N 个企业，可以是 10 个企业也可以是 20 个企业。这种创新产品最早在上海自贸试验区提出来，但上海没有那么多民营企业，没有发展起来。前海自贸试验区刚好背靠珠三角庞大的制造业中心，企业愿意做供应链金融的试验，因此取得了相当大的成功。目前供应链金融已经进一步扩展至把企业的应收账款质押给银行取得融资，深圳的金融创新试验功不可没。深圳在这种创新试验上走在了全国前列，而且取得了非常显著的成绩，中央给予了高度认可。

中央政府要把深圳的经验复制推广，这种经验也属于创新驱动。前面提到创新驱动包含了两种创新：一种叫科技创新；另一种叫制度创新。坦率地讲科技创新并非深圳最具优势的领域，深圳没有多少大学、科研院所、国家实验室做支撑，要推动科技创新是比较困难的。但深圳有一个优势，就是其体制、机制灵活。因为深圳作为经济特区享受了省级经济管理权限，一些创新举措和政策的推出不必向省政府报告，这一点实际上帮了深圳一个大忙。

2019 年国家成立了 6 个自贸区，加上之前的自贸区，全国已经有 18 个自由贸易试验区了，相当于全国的沿海、沿江、延边都有自贸区，也就是说，全国都进入对外开放的状态，这种开放格局是前所未有的。这对深圳的挑战也很大。因为你有竞争对手了，不是只有深圳才拥有制度创新的政策了，别的城市也可能会后来居上。对深圳而言，怎样沿着我们已经拥有一些优势的道路继续前行，再创新优势，是我们需要好好思考的问题。

粤港澳大湾区给深圳带来了机遇

自贸区面积是有限的，前海只有 15 平方公里，把南沙、横琴加在一起也就是 100 多一点点平方公里，这 100 多平方公里相对广东的面积并不算大，这么一点面积的地区很难变成有吸引力的市场，所以自贸区根本上不是市场的概念，它是一个制度创新的场所。

粤港澳大湾区有一个重要的启示："9＋2"，9个城市加2个特区有7000万的人口，7000万人口有什么特点？东莞市官方说这个城市有1.2万亿元人民币的民间存款，佛山市的顺德区说他们有7000亿元人民币的民间存款，这些都是民间资金，民间资金丰富意味着这些当地居民有钱，有能力去购买一些创新的产品，因为创新的产品刚刚出来的时候会很昂贵。我记得1994年的时候一个大哥大要价4万元人民币，当时的4万元人民币不是现在的4万元的概念，但当时珠三角地区做生意的朋友愿意去买，他们是愿意用第一批大哥大产品的试验人员，用了以后他们就会跟厂商说这个大哥大太大了，能不能做得扁一点、轻一点，像现在大家拿的手机越来越薄、越来越轻就是这个道理。我们创新试验要有人去做的，要有人去尝试的，而尝试是要付出成本的，大湾区的7000万人口里面有很多人有钱的同时又很愿意去尝试新东西，从而大湾区就做成了自产自销的一个闭环：自己研发，有投资人，有民间资金，同时这个地方又是消费的市场，这个消费市场反过来又可以推动研发，产业升级的基础和动力就形成了。因此，粤港澳大湾区也变成了科技创新载体，再加上我们有香港，可以进行国际化的操作，可以把内地的产业进行国际化的资源配置。不难看出，深圳和香港在地理上的相连以及在大湾区的分工也成就了深圳、粤港澳大湾区科技创新的龙头城市地位。

近年来，深圳市委、市政府为把深圳营造为科技创新的龙头城市做了大量的工作。2014年前后深圳市政府就决定花巨资引进中山大学建设深圳校区；另外香港中文大学深圳校区也是斥巨资引入的。这不仅是某一个大学在这里开一个研究院，鼓励大家做做研发，而是深圳培养自己的人才。人才培养非常重要，深圳既要吸引人家过来，同时自己也要培养人才。这是 2014 年之前深圳市委、市政府就已经想到，并开始采取措施落实的事情。

另外据媒体报道，深圳市 2014 年就动用财政资金 400 亿元，保障经过深圳的高速公路全部免费通行。这意味着深圳的营商环境在改善，物流成本大幅降低。此外深圳的地铁网络也比邻近地区的地铁网络覆盖面广，这都是深圳近年来所做的一些努力的结果。

在奖励人才方面，深圳在两年前就出台了政策，大学毕业生到深圳来就业，政府给予奖励，奖励的资金都是以万元来计的。这个效果就很好，相当于给城市做一个广告，这些学生跟他们的师兄师姐、师弟师妹说深圳有多重视人才，鼓励他们到深圳来创业，到深圳来工作。这些人才看中的不是那一两万元，而是深圳对人才的重视程度，这是一种善意、一种友好的姿态。当然这一切都是源于深圳的财力比较雄厚，因为深圳享受了省级经济管理权限，其财政收入不用上缴给广东省，只需要上缴给中央，所以其拥有更多可支配的财力。所以深圳已经打下了很好的基础。

接下来怎么办？讲几条我自己的意见或者建议。

第一，我觉得深圳还是要做好定位。这些年有很多的说法，比如说深圳是不是可以取代香港，我认为这是一个伪命题，因为粤港澳大湾区规划纲要的重点是融合发展，不是谁取代谁。各个城市发挥好各自的优势，然后在互联网、大数据、区块链技术之下实现融合发展。所以我们从现在开始要摒弃谁要取代谁的竞争意识，这不是湾区发展的前景。

第二，我认为深圳跟香港其实还有一个规则对接的问题。因为要实现粤港澳大湾区的发展，关键是规则对接。香港实行的是资本主义制度，内地珠三角9个城市是中国特色社会主义制度。中国特色社会主义制度有一套规则，香港、澳门也有一套规则，甚至有两套规则，规则对接就是跟国际市场接轨，跟国际营商规则接轨。

具象来看，接轨是一辆火车在一个轨道上走到另一个地方，轨道的标准不一样就会翻车，假如我们深圳的轨道的标准是5.0版本，香港目前是7.0版本，5.0接上7.0就要翻车。按照大湾区规划纲要的要求两个城市要融合发展，那就要做到融合或者规则对接。有四种可能性。第一种可能性是7.0变5.0。把香港降格成5.0。人家已经是7.0，要降低它的标准来适应深圳，这不是理想的结果，这个可能性排除。

第二种可能性是5.0变7.0。这也是一种接轨方法，但这个接轨方法也可能有问题，我们国家讲四个自信，如果深圳，甚至以深圳为代表的珠三角的9个城市一定要跟香港接轨，难道香港的制度就是完好无缺吗？而且香港那么多年其经济发展高度依赖房地产，高度依赖金融行业，它的科技创新跟我们深圳相比还是有一定的距离的，其实香港在这个方面应该学习深圳，深圳优秀的东西、有价值的东西，比如科技创新，很值得香港各界特别是科技界去学习。这其实是什么？不是说香港的制度是最好的。如果简单地把接轨理解成5.0变成7.0，我觉得这个说法也不妥，所以第二种可能性可以排除。

第三种可能性是我们搞个6.0出来，深圳升格，从5.0升到6.0，香港降一级，从7.0降到6.0。看上去接轨了，但以什么为代价？以香港降格作为代价。但是在现阶段中央是希望香港能够维持"一国两制"，充分扮演好香港应该扮演的角色。香港国际化程度越高，对国家越有利，对国家的"一带一路"越有利，对国家新一轮的对外开放和对内开放越有利。如果这样做的话，把香港降格，不符合我们国家的利益，所以这种可能也要排除。

第四种可能性是我们搞一个 8.0 版本出来，香港要从 7.0 升级为 8.0，而我们深圳从 5.0 要升级为 8.0。我认为这种可能性最大。5.0 怎么奔到 8.0？只有弯道超车才能做到，如果按部就班就永远没机会，弯道超车其实就是制度创新。珠三角的 9 个城市和港澳一起走进"一带一路"沿线国家和地区，特别是"海上丝绸之路"。各个城市在这个过程当中既为国家新一轮改革开放政策和实施"一带一路"的倡议服务，同时也共同寻找商机，加深相互了解，最终实现融合发展的目标。

另外还有一点是在产业方面，比如说粤港澳大湾区规划纲要里面提到医疗健康产业的发展，这既在我们《粤港澳大湾区规划纲要》里面提出来了，也在 2019 年 5 月份广东省委、省政府颁布的《粤港澳大湾区规划纲要》的"三年行动计划"里面提出来了。香港在医疗保健领域的经验很丰富，香港的医生水平也相当高，怎么把香港的医生吸引到深圳，深圳港大医院已经有了卓有成效的尝试，但想把这个经验扩大到整个粤港澳大湾区并不容易。因为有法律制度的问题。香港的医生到内地来执业，到底依据什么法律？一旦发生法律纠纷到底用哪里的法律？如果两地的医疗管理的法制法规方面有差异，导致香港医生不愿意到这里来，这怎么办？如果大家说那还是各搞各的，那就不要搞大湾区，不要讲区域融合发展了。比如像医疗管理产业，大家都认为这是非常有发展潜力的，而且我们已经进入了 5G 时代，可以在网上问诊，远程做手术，技术上已经没问题了，剩下来可能还有法律方面的问题：法律如何界定我是在香港行医还是在内地行医？如果我的行医行为发生在香港，但医疗的后果发生在深圳，发生在江门、中山、东莞这些城市，万一这个病人死了怎么办？如果在香港打官司不要紧，医生认为香港的法律对医生的保障是没有问题的，但是要到内地打官司他们可能就担心了，因为他们认为内地的医疗法律并没有对香港医生有足够的保障，在这种情况下他们不敢来，他们也不愿意来。所以这种情况下要推动粤港澳大湾区区域融合发展要做什么事？在医疗管理的法律管辖领域能不能进行创新？这就涉及了大湾区的制度创新。

我们举例，在大湾区"9＋2"地区，我们可以让病人和医生自己选择，在动手术之前签一个合同，讲好了如果发生问题，要适用什么法律，由病人和医生协商解决，如果病人和医生谈不妥，如果病人一定要坚持用内地法律，香港的医生一定要用香港的法律，那病人就找别人做。当然，还要解决一系列的制度问题，假设适用香港法律，香港的法官能不能够到我们内地人民法院去开庭审案？有没有影响"一国两制"？算不算是影响内地的司法管辖权？该怎么解决？解决问题的过程就叫制度创新。

我觉得从长远发展来看，如果大湾区真的要变成制度创新的重大试验场，大湾区其实就是一个新的特区，介于深圳的经济特区和香港、澳门特区之间。让湾区的各个城市做出选择，学习和借鉴政治特区和经济特区之中有利、有优势的一面，取长补短，共同提高。大湾区又拥有庞大的消费市场，又有创新的动力。这样才能够实现党的十九大报告所提出的宏伟目标。我认为粤港澳大湾区在此过程中可以扮演一个先行先试的重要角色。

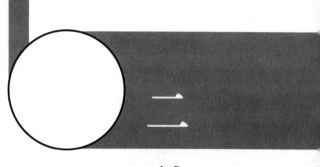

二

科学自然

凝望黑洞

苟利军

苟利军

　　中国科学院国家天文台研究员，黑洞研究小组首席科学家，中国科学院大学天文学教授，北京天文学会副理事长，《中国国家天文》杂志执行主编。美国哈佛大学哈佛史密森天体物理中心博士后和研究人员。

人类对黑洞的探索

　　什么是黑洞？黑洞是一种连光都逃脱不出去的天体，因为从各个方向去看的时候都不会发光，所以最终呈现出来是一个黑色的球体。如果在一个完全没有光的背景之下，我们是看不到这个黑色球体的，或者说是看不到黑洞本身的，黑洞本身是黑色的，不会发出光来，另外所有的物体掉到黑洞里面以后都不会再出来，所以它像一个无底洞，所以我们称为黑洞。除此之外，黑洞还具有非常强的破坏力，一个天体或者一个物体如果特别靠近黑洞，就会被黑洞吸进去，逃脱不出来了。

可以说黑洞是整个宇宙当中最为简单的一种天体，我们只需要通过三点就可以完整地描述它的结构。

第一，就是最外层的视界面。视界面顾名思义即视线可以抵达的界面，一旦越过这个界面我们就根本看不到了。假如有一个宇航员掉到了黑洞里面，跨越了这个视界面，他试图向外面的人员求救，我们想象一下能不能收到黑洞里面宇航员的信号呢？因为里面任何物体都逃脱不出来，作为光波的一种无线电信号肯定是逃脱不出来的，宇航员也不能够跟外面进行交流。

第二，就是奇（qí）点。奇点是指黑洞质量所在的地方。黑洞质量非常大，但是它几乎所有的质量都集中在最中心的奇点之上。比如说黑洞直径有几十公里、几百公里，但是它所有的质量可能集中在一个蚕豆大小或者苹果大小的区域上，也就是说黑洞内部的绝大多数区域可能非常空旷。

第三，就是黑洞的大小。我们通常用史瓦西半径来描述黑洞的大小。称之为史瓦西半径是为了纪念德国物理学家史瓦西，他最早得到了这个半径。

除了结构，我们通常研究的是黑洞最基本的几个物理量，这几个物理量涉及黑洞多重、转动多快、带不带电荷等问题。

黑洞是一个引力非常强的天体，要了解它我们需要了解人们对引力的认识历史。对于引力最早的正确认识可以追溯到 17 世纪牛顿时代，我们知道牛顿是看到了下落的苹果，然后想到了万有引力，这个力应该普遍存在于宇宙的很多地方，他提出的万有引力一个核心的思想是物体的质量导致了引力，通过万有引力公式①我们看到引力与两个天体的质量成正比。很多科学家试图利用万有引力进行更进一步的推导，比如要想从一个天体当中逃逸出去，就要有足够大的速度，比如我们要发射火箭，要使这个火箭从地球脱离出去就必须满足所谓的逃逸速度，即 11.2 公里/秒。牛顿之后一批科学家做了这方面的探索，18 世纪的时候法国数学家拉普拉斯做了一个非常大胆的猜想，他说会不会在宇宙当中有一个质量非常大的天体存在，因为天体非常致密，引力非常强，它自身发出来的光都不能逃脱，从而我们看不到这种天体，他把这种天体称为暗星，这个概念跟我们现在所了解的黑洞非常相似。现在看来这是最朴素、最原始的对于黑洞的认识，但是暗星只是作为概念、想法，并没有太多理论上的、观测上的支持。

　　我们还可以做一个非常有趣的计算，假如要把地球变成一个黑洞，地球将会是多大呢？这个计算其实非常简单，我们知道光速是 30 万公里/秒，地球半径、地球质量也是知道的，将这些量带入之后，就能算出半径等于 0.9 厘米，这就意味着要将目前半径 6400 公里的一个球体压缩到半径只有 0.9 厘米的时候，这个球体才会真正意义上变成一个黑洞。这难度是非常大的，所以在可预见的几百年或者几千年之内我们人类是没有能力制造类似的黑洞的。

　　从对暗星到对现在意义上黑洞的认识其实又经历了几百年，

---

① $F_{引} = G\dfrac{Mm}{r^2}$。

1915 年爱因斯坦首先提出了对引力的另外一番认识。爱因斯坦提出了广义相对论，牛顿认为引力是质量直接导致的结果，但是爱因斯坦认为质量并不直接导致引力，只是质量导致了时空弯曲，这个弯曲的时空会呈现出一种引力的效应。怎么去理解这种效应呢？我们可以做一个非常形象的类比。我们在生活当中看过橡胶膜，在橡胶膜上放上不同的球体或者物体之后，橡胶膜会发生变形，物体的密度和质量越大，橡胶膜变形的程度越大。在宇宙当中时空其实就构成了类似的橡胶膜，不同的天体就是造成时空变形的物体。太阳是宇宙当中非常普通的一种天体，更为致密的比如中子星是恒星死亡后最终形成的一种天体。黑洞可以说是目前所知道的整个宇宙当中最为致密的一种天体，因为它更为致密，所以造成时空薄膜变形更明显，呈现出来的引力也就更强了。

在爱因斯坦提出广义相对论之后一个月，当时身处俄国战场的德国物理学家史瓦西通过某种渠道看到爱因斯坦提出的广义相对论，在战壕之中他得出爱因斯坦方程的精确解，我们称为史瓦西解。除此之外，史瓦西还得到了史瓦西半径。这两篇文章都是史瓦西当时在战壕里所做。之后，他通过战场前线的邮递系统把文稿送给了爱因斯坦，爱因斯坦看了以后觉得没有任何问题，又推荐给了德国的期刊准备发表，遗憾的是没有等到发表史瓦西就在俄国战场因病去世，但是他留给我们非常宝贵的科学贡献。

在史瓦西之后，20 世纪 30 年代，美国的原子弹之父奥本海默又和他的学生一起推导出来恒星在最后死亡的时候有可能塌缩成为黑洞。在接下来非常长的一段时间里，对于黑洞的研究并没有太大的进展，正是因为这个原因，在 1955 年爱因斯坦去世之前他并不太相信黑洞是真实存在的。

20 世纪 60 年代因为理论和观测双重的突破人类迎来了黑洞研究的黄金时期。1963 年新西兰数学家科尔通过求解的方式精确地得到爱因斯坦方程旋转黑洞的精确解，1964 年美国科学家通过观测的方式看到了宇宙当中第一个黑洞候选体，这就是天鹅座 X－1。这个发现其实是基于美国和苏联之间的太空竞争。我们知道苏联一度领先，1957 年苏联成功地将第一颗人造卫星发射到了太空，两年后又将人送入太空，所以美国感受到了非常大的压力，很快成立了美国航空航天局（NASA），同时制订了雄心勃勃的登月计划——阿波罗计划。登月需要做一系列的准备，美国将准备工作交给了科学家，他们需要了解月球表面的组成，科学家知道月球表面在太阳粒子的撞击之下可能会产生非常强烈的 X 射线，所以美国科学家通过发射探空火箭来探测月球表面的 X 射线。但是很遗憾他们没有发现来自月球表面的 X 射线，反而探测到了来自宇宙深处的 X 射线源，黑洞天鹅座 X－1 就是其中之一。正是因为观测和理论上的双重突破，大批物理学家和天文学家开始研究黑洞，其中最为著名的一位代表就是普林斯顿大学被称为相对论物理学大师的约翰·惠勒。约翰·惠勒在学术和科学传播方面都做了大量工作，他觉得黑洞这个词非常形象，1968 年之后他开始在很多学术论文或者报告当中广泛地使用这个词，很多媒体也开始使用这个词。因此，黑洞这个词能够广泛地流行得益于约翰·惠勒的肯定。

在约翰·惠勒之后还有一位科学家，就是非常知名的霍金。在霍金之前大家对于黑洞的研究都是基于经典的广义相对论研究。霍金将量子力学的不确定性原理运用到了黑洞的视界面附近，发现了一种非常神奇的、之前从来没有被人注意的现象，这被称为霍金效应。在经典的广义相对论中因为黑洞是全黑的，它不会辐射出任何光线，所以如果用温度去衡量黑洞，那它的温度就是绝对零度。但是霍金发现如果黑洞的视界面附近存在粒子，基于粒子的不确定性原理，这些粒子有时候在视界面的里面，有时候会跑到视界面之外，那就有可能产生辐射，尽管这个概率非常低。霍金提出这个理论之后，很多实验天文学家就开始进行观测，但是他们都失败了，因为这种效应太微弱，不过他们当时的研究方法被保留下来，并且被写成论文发表。在 20 世纪末期，人类在无线网络研究中遇到一个难题，后来就是用研究黑洞时提出的方法顺畅解决的。

所以尽管黑洞距离我们非常遥远，但是它的研究方法、研究结果或许会对我们的生活产生一些非常重要的影响。

黑洞还有一个非常神奇的效应，我们称为引力透镜效应。这是一张或许大家非常熟悉的照片，从水平的方向我们会看到一个圆环，上下看同样会看到一个圆环，水平方向是黑洞前边的一个圆环。它是真实存在的，而上下类似于海市蜃楼，其实它存在于黑洞的后边，因为黑洞的密度或者对于时空的弯曲强度非常大，从黑洞后面传过来的光会沿着弯曲的时空传播，最终会传到我们的视线当中，但是这些光再反推回去，就会看到好像是存在于黑洞的上下。

大家或许会有一个疑问，《星际穿越》电影当中黑洞的照片非常震撼、非常美，这次我们仅仅看到一个圆环，没有看到所谓草帽一样的形状。为什么呢？其实这就涉及我们看这个黑洞时候的角度问题，这次我们看到的仅仅是黑洞最中心的区域。《星际穿越》电影当中的照片其实更多的是从被称为圆盘的侧面看黑洞的时候所呈现出来的影像。如果我们从俯视的角度去看得到右边的图像，在天文学当中我们可以用一个专业的术语去描述，左边视线的角度接近 90 度，右边接近 0 度，相当于站在地球的两极去看会得到右边的图像，如果从赤道的方向去看会得到左边的图像。

黑洞还有一些其他神奇的效应，因为它导致时间和空间弯曲，弯曲以后时间会变得更慢一点。如果大家熟悉《星际穿越》这部电影的话，主人公们去了黑洞附近的一个行星上，大家感觉只去了 3 个小时，结果回到飞船上的时候，飞船上的宇航员告诉他们 20 多年已经过去了，他们感到非常诧异，这其实就是在黑洞周围时间被极度地拉伸了，拉伸的程度通过计算差不多是 6 万多倍。中国的神话中也有类似的说法，"天上一日，地上一年"。不知道古人是如何得到这一说法的，如果我们用广义相对论去解释就很容易。

这些似乎离我们非常遥远，我们从来没有经历过、感觉过时间的差异，比如我飞到纽约、飞到全球其他地方时间流速都是一样的，但是在太空当中跟我们在地球上其实是有差别的。

我们使用的导航卫星其实已经在利用这种效应。中国有北斗卫星，美国有 GPS 导航卫星，这些卫星存在于地球之上大约两万多公里的地方，它跟地面上的时间是有差别的。地面是更接近于地球被时空弯曲的地方，所以地面上的时间流逝得相对慢一点，这中间会有一个时间差，这个时间差累积下来一天大约是几十微秒。但是我们要进行导航，这个时间要乘以光速，光速是每秒钟 30 万公里，如果导航软件不对此进行纠正的话，累计的导航误差就会越来越大，每天就会偏差 10 多公里。所以在实际的导航之中都要考虑爱因斯坦广义相对论和狭义相对论所预言的效应。

黑洞是如何探测到的

大家会问既然黑洞是黑的，不发光，在拍照之前我们应该已经探测到了非常多的黑洞了，那这些黑洞到底是怎么探测到的呢？根据质量我们把黑洞分成三大类。第一类黑洞称为恒星量级的黑洞，它的质量跟太阳或其他恒星的质量差不多，可能是太阳质量的几倍到 100 倍。第二类黑洞称为超大质量黑洞，它的质量下限可能是太阳质量的几十万倍或者 100 万倍，上限可能是太阳质量的几十亿倍甚至上百亿倍。而介于其中的我们称为中等质量黑洞。尽管这些黑洞的质量差别非常大，但是它们会产生同样的天体现象。因为黑洞的周围会有气体，这些气体以螺旋状围绕着黑洞转动，最终掉入黑洞，转动的过程中摩擦生热，从而产生光，通过这些光我们可以知道中间存在一个黑洞。另外，某些气体在掉入黑洞之前，会沿着它的轴线抛射出去，抛射出去的粒子就会形成喷流的天体现象。对于超大质量的黑洞而言，喷流所产生的亮度非常高，我们在非常遥远的地方都可以看到，甚至在100 多亿光年之外，我们都可以看到超大质量黑洞所产生的喷流现象。正是因为吸积气体所产生的盘会产生辐射，以及它喷发出来的物质会产生喷流，所以我们知道它的中心存在黑洞。但是这都是通过间接的方式，我们并不能直接看到黑洞。

假如在我的身后有很多黑洞，但是其周围并没有吸积盘或者喷流的时候，我们就看不到它们。所以就像我身后的这张黑色的照片当中我说有黑洞，但我们无从知道它具体位于什么地方。

在 1964 年发现第一个黑洞候选体之后，两位科学家还对该天体到底是不是黑洞打过赌，霍金认为系统天鹅座 X－1 当中不存在黑洞，索恩认为这个系统当中应该是存在黑洞。当 20 世纪 90 年代越来越多的观测表明这个中心是黑洞的时候，霍金就认输了。

在 2001 年前后我和我的合作者也利用美国 VLBI 射电望远镜以及 X 射线望远镜对黑洞的质量以及距离做了非常精确的测量，最终得到这个黑洞的质量是太阳质量的 15 倍，距离我们 6100 光年。

我们讲到如果没有喷流或者没有吸积盘辐射的时候，我们是看不到黑洞的。尽管理论上预言在银河系当中存在上亿颗恒星量级的黑洞，但到目前为止经过几十年的努力，我们也仅仅探测到了 20 多颗黑洞系统，在银河系当中只有 10 多个。我们太阳系位于什么地方呢？就是位于那个星星所在的地方，我们可以看到距离我们最近的一个黑洞系统就是标注着数字为 2 的星体，距离我们 3400 光年。大家或许会担心，黑洞破坏力非常强，即使这么远，会不会有朝一日将地球吞噬掉了？其实大家不用担心。黑洞的作用和破坏力仅仅局限于一个非常有限的范围。举一个最简单的例子，假如有一天把太阳系当中的太阳替换成同等质量的一个黑洞，大家或许会非常担心，现在我们的中心变成了一个黑洞，这个黑洞会不会把地球吞噬掉。尽管对于宇宙而言，这个尺度已经非常小了，但是它的作用范围更小，不会把地球吞噬掉，地球运行的轨道也不会发生改变。唯一遗憾的是我们再也不会接收到来自太阳的辐射了。

这些不同质量的黑洞到底是怎么诞生的？恒星量级的黑洞是大质量的恒星在最后死亡的时候，承受不了最外围气体的压力，中心塌缩形成了黑洞。超大质量的黑洞，银河系当中也有一个，就是位于银河系中心的人马座 A*。来自 UCLA 的美国科学家经过几十年对中心黑洞的观测，最终确认了黑洞的质量大约是太阳质量的 430 万倍。这些超大质量的黑洞是怎么诞生的？它不是直接通过某个恒星或者气体的塌缩形成的，它是通过很多小黑洞彼此之间的合并碰撞，最终产生稍微大一点的超大质量黑洞的种子，再通过吸积气体最终形成的。

提出黑洞概念之后的 100 年间大家一直在追问一个问题：我们可以直接看到黑洞吗？或者说黑洞 100% 存在吗？我们可以通过吸积盘或者通过喷流的方式间接推断中间有一个非常致密的、非常类似于我们理论上推断的这类天体，但还有一些科学家提出了一些其他的替代理论，并通过这些理论来解释我们之前所观测到的所有的现象。

2015 年 9 月 14 日美国的激光干涉引力波天文台 LIGO 第一次通过引力波探测到两个黑洞之间的合并。引力波是两个非常致密的黑洞在最后合并的阶段释放出来大量的能量，这个能量会扰动我们之前所讲过的时空，引力波实际就是时空的扰动，或者时空本身的振荡，所以有时候我们把引力波称为时空的涟漪，它非常类似水波。

到目前为止我们已经探测到非常多的黑洞合并事例，去年探测到了 10 多例有关于黑洞合并和中子星合并的事例。引力波的直接探测帮助我们确认了黑洞的存在。引力波又不同于我们熟知的电磁波，引力波振动的频率跟我们耳朵所能听到的频率非常类似，差不多是几百赫兹，所以有时候我们把这种探测方式称为"听"，也就是说通过"听"我们确认了黑洞的存在。但是在今年 4 月 10 日之前我们并没有通过看的方式直接确认黑洞。

直接看到黑洞一直以来是科学家追逐的梦想。在过去 10 多年当中技术的成熟给了我们很多帮助，我们可以把不同的望远镜连接，对非常遥远的天体进行观测。视界面望远镜在 10 多年前开始了这样的探测工作，最开始的时候仅仅用了几个望远镜，最近几年技术成熟后，科学家将全球几乎所有类似的望远镜连接，对两个黑洞系统进行观测，这就是视界面望远镜项目。

电影《星际穿越》激发了我去翻译一部同名科普书。索恩是电影《星际穿越》的制片人以及科学顾问，他几乎花费了毕生的精力投身于黑洞的研究，在此之前他从来没看到过黑洞的照片，所以当电影照片展现在他眼前的时候，他欣喜若狂。

尽管电影给我们呈现了一种非常高清的状态，但毕竟是模拟出来的结果，科学家没有放弃去得到一张真实照片，所以在此之后他们依旧在努力得到第一张黑洞的照片。2017 年当技术成熟之后，他们联网了全球位于 6 个不同地方的 8 台望远镜，对已知的两个黑洞进行观测。这几台望远镜都位于海拔比较高的地方。为什么这些望远镜要放在特别高的地方呢？其实是由它的观测波段决定的，它的观测波段是在亚毫米波波段，在生活当中我们称亚毫米波波段为太赫兹，这些太赫兹或者亚毫米波的光子很容易被大气当中的水汽所吸收，所以我们必须要把这些望远镜放在高海拔而且是非常干燥的区域，很多望远镜都是放置在沙漠区域，比如 ALMA 望远镜阵列就是放在智利海拔 5000 多米的沙漠当中。

为什么要选择这么多不同的望远镜？我们想看清非常遥远的天体的时候，就需要使用分辨率非常高的望远镜。望远镜的分辨率取决于两个因素。一个是望远镜口径。望远镜口径越大分辨率越高。这种特定的 VLBI 联网技术只需要把两个望远镜放得足够远，两个望远镜之间的距离就是虚拟望远镜的口径，所以采用视界面望远镜观测的时候需要寻找到两个距离最远的望远镜，从而保证分辨率足够高。另一个是观测的频率。也就是说我们在哪个波段观测也会影响角分辨率。VLBI 联网的技术非常成熟，所以他们选择在射电波段中波长最短的亚毫米波波段或者太赫兹波段进行观测。最终这个虚拟望远镜的口径达到 1 万公里以上，我们可以看清什么样的东西呢？如果在月球上放一个柚子大小的东西，我们就可以看清楚。

最后我们要选择观测的天体或者目标源。我们审视了所有的黑洞发现有两个黑洞符合条件：一个是位于银河系当中的人马座A*黑洞；另一个是位于距离我们 5500 万光年之外的 M87 中心的黑洞。为什么没有选择距离我们比较近的 M31 星系当中的黑洞呢？这取决于观测的视大小。比如月球相比较太阳肯定小很多，但是为什么月球跟太阳看起来一样大小呢？它们的视大小都是 30 角秒，就是因为月球距离我们更近，所以它在天空当中所呈的视大小最终跟太阳所呈的视大小是一样的。视大小值即真实的大小除以它与观测者的距离，最终我们在选择观测黑洞的时候就使用了视大小这个参数，M31 尽管距离我们比 M87 近一点，但质量远远比 M87 小，所以最终所形成的视大小比 M87 小很多。这是我们最终选择了 M87 而没有选择 M31 的原因。

8 个不同的望远镜当中有两个望远镜非常重要，一个望远镜就是位于南极的 SPT 望远镜。这是我们找到的最远的望远镜，它一下子提高了虚拟望远镜的口径。还有一个亚毫米阵列望远镜位于智利的一个沙漠当中，它是由 66 个不同的望远镜阵列所组成的，其灵敏度可以让我们探测到更多的细节。

大家或许会问中国的望远镜有没有直接参与这次观测呢？中国有两个不同的亚毫米波望远镜：一个是位于青海的德令哈 13.7 米望远镜，另一个是位于西藏的中德 3 米 CCOSMA 亚毫米望远镜，但是中国所处的位置正好在其他望远镜的背面，无法进行同时观测，所以我们没有参与这次观测。

大家或许还会问，中国的天眼是目前世界上最强的射电望远镜，为什么没有参与此次的观测？最重要的一个原因是它的工作频段不在亚毫米波波段，另外它也同样位于其他望远镜的背面，需要同时观测的时候我们也是无能为力的。

刚刚讲过我们同时观测了两个不同的天体源，一个是银河系中心的黑洞，另一个是 M87 当中的黑洞，但是最终释放的照片仅仅只公布了 M87，而没有公布银河系中心的黑洞。距离这么近竟然没有公布是什么原因呢？最重要的原因就是太阳系是位于银河系之内的，在我们观测路线上存在大量的气体，这些气体就像生活当中的雾霾会遮挡我们的视线，从而使得观测的难度增加。不过科学家还是在处理有关于银河系中心的照片，相信很快就会发布相应的照片了。

黑洞对我们的生活有意义吗？

我们拍摄黑洞不仅仅是想得到它的照片，科学家还想得到更多科学发现。我们想研究黑洞周围气体到底是如何运转的，以及 M87 周围的喷流现象是如何产生的，所以希望未来能够得到更高清的照片解决这些科学疑难问题。

大家最为关心的是黑洞对我们的生活有意义吗？可以简单地说没有直接意义。但是黑洞就像它的名字一样，可以丰富我们的想象，丰富我们创作的元素。物理学家说黑洞是时空穿梭的一个隧道，进入黑洞后你会抵达另一个非常遥远的地方，但是这种说法到目前为止仅仅是一种理论上的推断，并没有真实的验证。

尽管短时间来看黑洞对我们的生活不会产生直接的经济效益，只会丰富我们的想象或者激发我们创作的灵感，但是从长远来看它可能会产生一些非常深远的、推动整个社会变革的力量。如前文所言，在探测黑洞辐射的最早期，尽管没有直接探测到黑洞辐射，但是探测的方法保留了下来，并最终成为解决无线网络的最重要的方案。所以我们说或许在当下不会有什么直接的效应，但是我们相信未来会有非常深远的推动社会发展的力量。

我们为什么要探测黑洞，这很大程度上还是出于人类的好奇心。我想以下面这段话来结尾，这是麻省理工学院的校长在吸引波发布会之后所说的。他说天文学也是基础学科的一种，基础学科是非常严谨的，发展也是非常缓慢的。我们可以看到从最早提出黑洞的概念到我们真正得到黑洞照片经历了 100 年的时间，连霍金都没有看到黑洞的照片，尽管他在黑洞理论方面做出了非常重要的贡献。所以基础研究是一个非常缓慢的过程，但同时又是震撼性的、革命性的。就像我们现在很多事都使用网络，没有网络的世界和社会我们是很难想象的，但是网络图片也是得益于30 年前欧洲原子核中心内部数据分享协议。我们看到，偶然的一次发现或者发明在不经意的某个时候或许会催化出整个社会的变革。所以说没有基础学科，最好的设想就没有办法得到改进，创新也只能是小打小闹；只有基础学科进步社会才能进步。

我们是否生活在宇宙孤岛中

王 爽

王 爽 ✎

　　中山大学物理与天文学院副教授，博士生导师。多年致力于宇宙学方面的研究，主要研究方向包括暗能量、超新星、引力波等。新近出版的著作有《宇宙奥德赛：漫步太阳系》《给孩子讲宇宙》《给孩子讲相对论》。

　　可能很多人有这样的疑问，刘慈欣所描述的有三个恒星彼此绕转的世界到底是他纯粹的幻想，还是真实的世界里有与之对应的原型呢？答案是后者。也就是说三体世界其实是真实存在的。那么三体世界是什么呢？其实就是离我们地球最近的一个恒星系统，这个恒星系统叫半人马座 α 星，中国人把它称为南门二。

三体世界的三个原型的成员分别是半人马座 α 星 A、半人马座 α 星 B 和比邻星，比邻星是最右边特别小的一颗恒星，距地球大概只有 4.2 光年。这几个恒星其实有比较大的差异，前面的恒星属于黄矮星，后面那个属于红矮星。黄矮星和红矮星最核心的区别是它们发出光的颜色不一样，顾名思义，黄矮星发出来的光主要是偏黄光，红矮星发的光是偏红光。

可能很多科幻迷知道在三体的世界里存在恒纪元和乱纪元。恒纪元是什么呢？按照刘慈欣书中的故事恒纪元就是三个恒星运动非常规则，那么在这种情况下三体人所居住的星球气候是风调雨顺；而乱纪元是这三颗恒星的运动变得非常混乱，所以三体人就要面对各种各样的气候灾难。我们想问的问题是在真实的三体世界中是否存在恒纪元或者乱纪元呢？答案是否定的。我们刚才所说的三颗恒星，其中半人马座 α 星 A 和半人马座 α 星 B 之间的距离大概只有 10 倍到 35 倍的日地距离，日地距离大概是 1.5 亿千米，但是半人马座 α 星 A、半人马座 α 星 B 和比邻星的距离就达到了 13000 倍的日地距离，这说明真实存在的这个三体世界并不是一个真正的三体世界，它其实是在做两体运动。就是半人马座 α 星 A、半人马座 α 星 B 可以视为一个整体，而半人马座 α 星 A、半人马座 α 星 B 又和比邻星构成两个恒星的双星系统，然后彼此旋转。两体问题和三体问题最大的区别是两体问题的轨迹非常容易预测。说得通俗一点就是，在我们真实的三体世界里恒星的运动将永远是规则的，所以真实的三体世界里只有永恒的恒纪元。

真实的三体世界中是没有生命的

既然三体世界是处于一个永恒的恒纪元状态，那我们可以深度地追问一个问题了：三体人存在于他们生活的空间里吗？要想问三体人是否存在，首先应该问的问题是三体世界中那个半人马座 α 星的恒星系统里有没有行星？原因很简单，我们刚才说的那三个系统都是恒星系统。恒星其实是生命的禁区，任何一个恒星的温度至少达到好几千度，这还是它的表面温度，所以在这种状态下生命根本不可能生存。所以我们要找到行星，尤其像地球一样满足各种各样条件的生命绿洲，在这种情况下生命才有可能在三体世界里存在。

那么问题就来了，三体世界是否真的存在行星呢？答案是：存在。2016 年著名的《自然》杂志上发表过一篇论文，证明在真实的三体世界里真的存在一颗行星。说到这个地方可能有人会问，我们离三体世界有好几光年之遥，那么远的事情我们是怎么知道的？

要想解答这个问题，我们要从一个人的故事说起。这个人叫多普勒，多普勒出身于欧洲顶级名校维也纳大学，但是他毕业以后在很长一段时间都没在学术界找到一个合适的位置，所以不得不在奥地利全国各地旅行，并以打零工为生，直到 30 多岁才好不容易在一个很不起眼的大学里找到了教职。38 岁的时候多普勒有了一个非常重要的发现，让他一下子名扬天下了。他回到自己的母校成了维也纳大学的物理系主任。但是由于他早年的繁重工作严重地损害了他的健康，所以他在系主任的职位上没做多久就去世了，去世的时候只有 49 岁。

下面就讲一讲让他改变命运的这个最著名的研究。我们从一个大家在现实生活里比较熟悉的现象说起。大家很有可能会注意到这样的一个现象：当列车进站的时候你会听到它发出的汽笛声很尖锐，反过来当列车离站的时候你听到他发出的汽笛声比较低沉，这是为什么呢？多普勒就对这个现象做出了解释。他的解释是，如果有物体的运动方向是朝向我们而来，那么它所发出的声波的波长就会变短，频率就会增大；反过来如果这个物体是在远离我们而去，它所发出声波的波长就会变长，频率就会减小，导致我们听到的汽笛声不同。这个现象就是所谓的多普勒效应。

多普勒效应不仅仅适用于声波，它适用于所有的波，当然也包括恒星发出来的电磁波。有多普勒效应作为基础，我们就可以讲清楚 2016 年天文学家是怎么发现三体世界存在行星的。

我们可以假想，如果三体世界里那个比邻星只是这么一个孤单单的恒星，它就会像现在这样静止不动，恒星所发出来的电磁波的频率或波长就不会发生改变。但是如果这个恒星周围还有一颗行星，那么这个恒星和行星就会像我们太阳和地球一样彼此的绕转，当然恒星运动的幅度比较小，但依然会出现靠近我们和远离我们的趋势。当靠近我们的时候，它所发出光波的波长就会向蓝光的方向移动，这个过程称为蓝移；反过来当它远离我们的时候，这个恒星所发出来的光的频率就会变小，也就是向红光那边移动，这个过程称为红移。如果你一直盯着一个恒星，发现它发出来的光自发地出现了周期性地红移和蓝移交替的现象，你就可以知道这个恒星存在一个自己的行星了。正是用这个办法在 2016 年"暗淡蓝点"计划真的发现了离我们最近的比邻星拥有一颗自己的行星，那么人们也就把它称为比邻星 B，大家也可以把它理解为这就是三体人的故乡。

说到比邻星 B 这还不是全部的发现，当时这个发现之所以可以发表在《自然》杂志上，是因为还有一个非常重要的事情，就是当时人们不但发现这颗比邻星 B 是一颗新的行星，而且发现这颗比邻星 B 像我们地球一样正好处于比邻星的宜居带。所谓的宜居带是指恒星离行星的距离非常适中，以至于它的表面温度恰好允许液态水存在。刚才向大家提到的这颗比邻星 B 恰好就处于这样的一个允许液态水存在的黄金地带。比邻星 B 的质量大概是地球质量的 1.3 倍，它与比邻星的距离大概是日地距离的 20%，所以这些条件都是非常好的，非常适于生命存在。那么可能很多人自然而然地就想到这样的一个问题：既然在刘慈欣笔下的三体世界的原型里还真的存在一个让液态水存在的行星，那么这个行星到底有没有可能拥有生命呢？答案是不可能。就我们现在所知，比邻星 B 其实是一个真正意义上的生命的荒漠。这是怎么回事呢？

大家都知道，太阳是整个太阳系的主宰，地球的生命、所有的能量其实都来源于太阳，但是太阳本身并不像我们想象的那样非常稳定，它其实会发生一些比较狂暴的活动，比如太阳风暴。太阳风暴包括两部分内容。一部分叫太阳耀斑，就是指太阳表面的有些区域会变得非常亮，因为这些区域释放出了大量的电磁辐射。另一部分叫日冕物质抛射，也就是说太阳可以把它表层一些能量很高的带电物质抛到太空中去，如果它抛的这个方向正好朝着地球，那就会直接对地球造成影响。但是为什么我们在地球上没有感觉到太多的太阳风暴的影响，一个至关重要的原因就是我们受到了地球磁场的保护。我们刚才说过太阳风暴里会抛出一些高能的带电离子，如果这些带电离子不受阻碍地直接打到地球表面，那么就会造成一系列的灾难性后果，但是幸好我们地球有一个强大的磁场，这些带电离子进入地球磁场以后就发生了偏转，然后一直跑到了地球的两极地区，在地球的两极地区和地球大气发生相互作用，形成我们所熟悉的美丽的极光。我们现在要问的是太阳风暴一直都不会对地球造成很明显的影响吗？答案是否定的。我们举个例子，在 2003 年万圣节期间，人类注意到了历史上有记载以来的最大一次太阳风暴，也就是所谓的万圣节大风暴。这次风暴造成了什么影响呢？正常情况下地球的极光都是只集中于地球的两极地区，但是在万圣节风暴的时候很多温带地区都出现了大面积的极光现象。另外，地球也遇到了很多事故，比如从地球发射出去的空间卫星和通信卫星受到了万圣节风暴的剧烈冲击，有超过一半的地球通信卫星发生了各种各样的故障；还比如太阳风暴冲破了地球磁场的屏障，打到了地球的部分地区。

下面我给大家解释为什么比邻星 B 应该是一个生命荒漠。就像太阳可以发出太阳风暴一样，比邻星作为一个恒星也可以发出比邻星风暴。比太阳风暴更要命的是什么呢？比邻星还是一颗耀星，就是比邻星耀斑可以集聚增强到远远超越太阳耀斑的水准，所以比邻星风暴最剧烈的时候可以比太阳风暴剧烈上万倍。2017 年天文学家就观测到了一次比太阳风暴高上万倍的比邻星风暴。那么我们现在要问，如果这么强的恒星风暴真的打到了地球上来，可能会造成什么后果？一个很要命的结果就是直接剥离掉地球的大气层，因为这样的恒星风暴能量很高，可以把自身的能量传给地球大气层的大气分子，而大气分子具有足够高的能量以后就有办法挣脱地球引力的束缚，逃逸到太空中去，这样一来如果地球处在比邻星 B 的位置，而且经常性地遇到这么恐怖的比邻星风暴，那么地球的未来很可能就像火星一样，变成一个几乎没有大气也没有办法保留任何液态水的生命荒漠。

是外星信号吗？

说完了三体世界的故事，我们已经知道虽然三体世界中真的有允许液态水存在的行星，但它依然是一个不会产生三体人的生命荒漠。让我们把眼光放得更远一点，放眼全宇宙，虽然三体世界中没有生命，那宇宙中会不会有其他的天体存在生命呢？我们要从 2019 年 1 月的一个很有趣的新闻说起。新闻说的是加拿大的一些科学家利用望远镜观测到一个相当罕见的现象，这个现象叫快速射电暴，由于这个发现他们在著名的《自然》杂志上一口气发表了两篇论文。

什么叫快速射电暴？其实就是一个天体的爆发现象，其中快速是指这个爆发现象时间特别短，只有千分之几秒；射电是说它发出来的电磁波集中在无线电波的波段，也就是我们电视台传播电视节目的波段；暴的意思是说它发出的无线电波的总能量特别大，千分之几秒的时间里它发出的能量甚至比太阳几十万年发出的总能量还要大。

这样的一个发现其实在天文学界应该会很轰动，但是它不会引起普通公众的兴趣，因为根据发现，13 个快速射电暴里有一个非常特殊的现象叫重复的快速射电暴，就是说该现象不止发生了一次，同一个天体同时连续性发生了好多次。顺便说一下，重复的快速射电暴并不是历史上第一次发现，在 2012 年的时候曾经发现一个快速射电暴重复爆发 15 次，今年（2019 年）这篇论文里提到的快速射电暴重复爆发了 6 次。为什么这个事情会引起人们的兴趣呢？一个很简单的原因是快速射电暴所处的波段是无线电波，也就是我们电视台传输节目的波段，换句话说这个波段是可以用来搭载信息的。有些人自然会想到这样一个问题：一个天体重复性地发射了这么多的无线电波，有没有可能这些电波上搭载了一些来自智能文明的信息？答案是否定的。

让我们稍微绕远一点，让我们从 50 多年前一个真实的故事说起。在 20 世纪 60 年代的时候有一位女士叫贝尔，她考入了剑桥大学的天文系攻读博士研究生，她们组当时研究的方向就是探测来自外太空的无线电波，她们所用的探测装置就是大锅盖式的望远镜。1967 年贝尔女士有了一个非常意外的发现，她发现某个天体会不断地向地球发射周期性的射电脉冲，这其实和刚才说的快速射电暴很相似，区别是它的能量是很正常的，就是普通恒星所发出来的能量，而且它的周期性脉冲不是发射十几次就没了，它会持续不断地发往地球。

她的这个发现当时让她的博士生导师欣喜若狂，因为他想这就是外星人发给我们的信号，这个信号的发现是证明外星人存在的有利证据，她的导师就给她们发现的这个很奇异的天体起了一个名字"小绿人 1 号"，他觉得那个上面真的住了像小绿人一样的外星人。

贝尔并不这么想，她觉得单纯是从天体上来的信号不能证明这个。如果你能在宇宙中截然不同的其他方向也找到类似的脉冲，你就可以认为这不是来自外星人的信号。原因很简单，我们在地球上就有这么多不同的语言、这么多不同的文化、这么多不同的表达方式，如果你们是在宇宙中两个相距极远的世界里，你们有可能会发射一模一样的电视信号吗？不可能。所以贝尔当时就想，我有没有办法找到第二个重复性的、周期性的脉冲信号？

在 1967 年平安夜的时候，贝尔当时留在她的观测站点工作。当时她的情况有点特殊，因为按照原计划第二天圣诞节的时候她应该赶回家和她的男朋友订婚，但是当时她在工作站发现了一个疑似的第二个天体所发出来的周期性脉冲信号。为什么说疑似呢？她还没有确认。你需要基于你已经有的这些观测数据推断出它下一次应该是什么时候发信号过来，才可以确认。贝尔当时推断它会在圣诞节的凌晨发信号。由于这个原因她就把他的未婚夫抛到一边去了，凌晨的时候她还守在望远镜这儿找第二个信号。结果功夫不负有心人，真的在凌晨1点的时候她找到了第二例的周期性脉冲信号，用三体中的一个很著名的描述来说，这意味着在那个时刻宇宙中有一种人类闻所未闻的天体在向贝尔女士一个人闪耀，这个天体就是后来的脉冲星，这是一种以极快的速度旋转的非常致密的天体。这个发现非常重要，20世纪70年代诺贝尔物理学奖因为这一发现而颁给了天文学家，这也是整个诺奖历史上第一次颁给天文学家。但遗憾的是得奖的人里没有贝尔，而这也被认为是诺奖历史上最大的错误之一。

在50年前贝尔正是基于第二例重复的周期性脉冲否定了外星信号的理论，50年后历史重演了：我们发现了第二例重复性的快速射电暴。所以这个发现不但没有证明外星人信号的存在，反而宣判了它的"死刑"。

费米悖论

说到这里，我们已经知道迄今为止我们没有接收到任何一个真正来自外太空的外星文明信号，那么放眼整个宇宙，难道真的只有地球这一个文明吗？应该不可能吧！如果不止地球文明，我们有没有可能和这些外星文明建立联系呢？或者我们在这个世界上是否孤独？

这个问题需要从另外一个非常传奇的物理学家讲起，这个人叫费米。从某种意义上讲他可以算是文武双修：一方面他是一个很传奇的理论物理学家，由于理论物理学上的贡献他在39岁就拿到了诺贝尔物理学奖；另一方面当时德国纳粹崛起，费米作为一个有犹太血统的人被迫离开自己的祖国意大利，到美国任职，他在美国开始转行做实验，并且成功地做出全世界第一个核反应堆，由于这个贡献他被美国的曼哈顿计划吸纳，然后去研制原子弹。有一次中午吃饭的时候，费米和他的同事聊到当时美国社会一个非常热门的话题就是 UFO，因为当时美国很多报纸都很喜欢讨论 UFO 的新闻，他们怎么飞到地球来，怎么绑架地球人，然后怎么做实验这样的话题。开始的时候费米也和他的同事聊这个，聊得很开心，中途费米突然停下来了问了一个问题，这个问题就是他们都在哪里？这个问题其实非常深刻，深刻到后人把这个问题作为一个著名的悖论，也就是所谓的费米悖论。费米悖论是什么东西呢？费米悖论其实基于两个最基本的假设：第一个假设是智能文明或者说智能生命在整个宇宙中应该是普遍存在的，这个假设大家应该都接受，因为很难想象我们地球就真的是这个宇宙中唯一有生命的宇宙；第二个假设是技术是可以不断进步的，早晚有一天会有一些智能文明突破技术的限制，从而拥有星际旅行的能力。

我们来讲讲为什么基于我们刚才所说的那两个看似非常合理的假设却会导出非常荒谬的结论。以银河系为例，我们已经知道银河系已经存在了 100 多亿年或者说得更准确一点，已有证据表明至少存在了 120 亿年。银河系的直径是 20 万光年，也就是光要从一端走到另外一端需要花 20 万年，此外银河系拥有像太阳这样的恒星可能在 1000 亿到 4000 亿颗。现在让我们看看如果把费米悖论的那两个基本假设加到银河系上会产生什么后果。先来看第一个假设，假设 1 说的是生命在全宇宙中应该是普遍存在的，那么即使我们假定这上千亿颗恒星中哪怕只有 1% 有像地球或者比邻星 B 一样的处于宜居带内的行星，它就有可能会催生出有生命的世界，这样有生命的世界应该有多少呢？至少 10 亿个，这是第一个基本假设所推出来的结果。第二个基本假设星际旅行，我们说过星际穿越式的旅行是很困难的，那我们就让它像流浪地球一样进行旅行好了，我们假定它可以发出飞船，然后以 1% 的光速进行星际旅行，那么这样的一个旅行要想横穿整个银河系需要花多长时间呢？需要花 2000 万年，这两个基本假设都加上，让我们来看看会有一个什么样的后果。我们再做一个特别苛刻的假设，我们假设刚才所说的那 10 亿个有生命的世界里只有一亿分之一能够具有像流浪地球一样旅行的能力，那么会导致什么结果呢？会导致它们足以在整个银河系大规模地横穿 5000 多回。这样的横穿不是派一艘飞船去的横穿，而是一个殖民性质的横穿，它肯定要飞到下一个星球，在那里殖民，然后利用那个行星的资源再策划下一次的旅行。换句话说，如果把费米悖论里的这两个基本假设放到银河系的框架中，我们甚至不需要把它放在更大的宇宙框架，我们就可以注意到我们现在所处的银河系应该已经被大型帝国殖民了 5000 多次，这意味着我们在地球上见到外星人的概率比见到外国人的概率还要高。在座的各位应该都见过外国人，有没有谁见过外星人？把这两个结果放到这个地方，实际上就会得出费米最开始问的问题，如果真有外星人，他们都在哪里？

如何解释费米悖论

费米悖论怎么解释呢？其实从总体上来说，只有两种解释途径。

第一种解释途径是第一个假设错误。如果第一个假设错了会导致所谓的稀有地球假说，也就是说我们所生活的地球其实真的是一个独一无二的，非常非常特殊的星球。那么稀有地球假说有哪些支撑呢？我给大家罗列最重要的几种。

第一个是太阳系就处在一个所谓的星系宜居带上。也就是说我们太阳系在整个银河系的位置大概相当于城乡接合部，那这个位置特别有利。如果你特别靠近银河系中心，那个地方会有更多的恒星，会对你这个世界产生一些意想不到的威胁，比如超行星爆发等对你这个地方的生命造成很严重的干扰。如果你离得太远，恒星的物质形成就特别慢，就很难形成像太阳系这样很完备的体系。

第二个是太阳本身是质量适中的黄矮星。我们举个例子，假如太阳的质量比现在大 10 倍，它会变成什么样的状态？答案是太阳的寿命会急剧地缩短。现在我们知道太阳的寿命大概是 100 亿年，但如果它的质量比现在大 10 倍，它会以远超 10 倍的速率释放能量，所以它的寿命会缩减到可能只有几千万年，而且它死后会发生超行星爆发现象而使其变成一个中子星，甚至变成一个黑洞。这么一个短寿的大质量恒星其实是不适宜生命存在的。如果它的质量很小，比如变成现在的 1/10，它就会变成我们开始讲到的那颗比邻星，就会变成一个红矮星，在这种情况下地球如果还想保持处于宜居带，或者还想保持表面的液态水，就得像比邻星 B 一样跟它靠得很近。但是我们已经讲过了红矮星又是那种很可怕的耀星，可以产生强度远超太阳的风暴，所以两者之间的矛盾就导致了如果太阳变成一个质量很小的红矮星，它也不会适宜生命存在。

第三个是我们已经反复讲过了恒星宜居带。行星必须离恒星的距离很恰当，否则行星的表面就不会存在液态水。

第四个是所谓的木星守护神。就是木星是太阳系里质量最大的一个气态行星，其实它扮演了一个类似太空吸尘器的角色。我举一个例子，在1994年曾经有一个非常轰动的天文新闻，当时科学家发现了有一颗彗星裂成了21个碎片，就像一个21节车厢的星际列车一样撞到了木星的表面，当时所发现的那些碎片里最大的一个碎片撞出了什么效果呢？它在木星表面留下了一个足以把地球装进去的伤痕，21个碎片全部装下去了。如果其中任何一个碎片不是撞到木星上，而是撞到地球上，都足以造成地球生态系统的彻底崩溃。木星守护神作为吸尘器，把这么大量的小行星都吸走了，所以地球相对来说安全很多。

最后一个可能大家不是很熟悉的一个因素叫作月球稳定器。我们知道地球拥有一颗卫星就是月球，但是很多人可能不见得知道这颗卫星与地球的比例可以说是大到离奇。大到什么地步呢？全太阳系中卫星体积与它自己环绕的行星体积之比排在第一的就是月球。那我们现在可以开一个脑洞，假如说这个月球突然消失了，那么地球会发生什么样的事情？曾经有人做过这样的一个模拟，结论是如果月球真的突然消失，那么地球自转的速度会急剧加快，现在地球自转一圈或者昼夜交替一圈时间大概是24小时，如果你把月球整体拿掉，这个时间会变成10小时。一个以10小时周期自转的地球会变成什么样子呢？大家有没有看过一个非常著名的好莱坞大片叫《2012》，《2012》演的是由于某种原因地球核心急剧升温，导致地球的活动变得非常剧烈，在影片的结尾我们看到喜马拉雅山被大海吞没了。如果地球真的变成了一个自转周期是10小时的天体，那么我们现在的地球可能比《2012》中展现的情况再糟糕10倍。

我们这个地方给大家罗列了关于地球很特殊的一系列理由，

当然这仅仅是部分理由，但包括我本人在内很多人都对这个假设有怀疑，因为在我们的宇宙中，现在已经非常确定地发现了像银河系这样的星系大概有几千亿个，而这几千亿个星系里任何一个星系又都拥有上千亿颗恒星，在这个数量下，我们很难想象地球真的就是宇宙中独一无二存在生命的。

如果我们不接受第一种假说，那只好解释第二个假设是错误的。那么这个假设如果是错误的话会导出另外一个假说，叫大过滤器假说。

大过滤器假说是什么呢？我们从一个大家比较熟悉一点的现象说起。可能很多人都会打游戏，在游戏里设计了很多的关卡，每个关卡的最后会有一个 Boss 在那里坐镇，你必须打赢这个 Boss 才可以进入下一个关卡，如果打不过你就一直在这关待着。这是一个很简单的概念，有了这样的一个概念之后我们就可以对大过滤器理论进行一个假设。你可以把大过滤器理论理解成智能文明打游戏的过程，文明要想进化，同样要打很多不同关卡的游戏，在这些关卡后面同样有一些能够制约文明迈向下一个阶段的 Boss，这个 Boss 就叫大过滤器，它就像一个漏斗，如果漏不下去就被它挡住。最早提出这个理论的人是一个美国的社会学家，他把整个文明打游戏的关卡分成 9 关，最后一关就是星际旅行关，也就是说你要打通整个游戏，达到可以在星际旅行的状态，你就得打赢最后一关——那个最重要的大过滤器。他的假说是，那个大过滤器，或者说那个最后的大 Boss 有可能不是某种具体的困难或者障碍，有可能是某种物理规律，一个根本没有办法违反的物理规律。宇宙中所有的智能文明都打不过它，这导致所有的智能文明都停留在无法进行星际旅行的阶段，正是因为他们不能星际旅行，我们才可以回答费米悖论，他们都在哪里呢？他们在我们不知道的遥远的地方。

不管是哪个假说，我们最后都能导出一个共同的结论，这个结论叫作宇宙大寂静。就是说即使在遥远的外太空中真的存在智能文明，由于受到大过滤器的限制，他们也没有办法进行星际旅行，也没有办法和我们发生实际的接触和交流。

最后让我打一个比方，大家可以把整个宇宙想象成一个黑暗的大海。然后文明是什么呢？文明就是海上零零星星的小小孤岛，由于物理定律的限制，或者说由于大过滤器这样的一个限制，没有哪个岛上的文明有能力造出船，所以大家就只能生活在一个个小小的孤岛上，悄悄地诞生，悄悄地成长，最终悄悄地灭亡。

人类首次月球背面软着陆探测之旅

——嫦娥四号任务

吴学英

吴学英

工学博士，研究员，中国空间技术研究院嫦娥四号探测器副总师。参与嫦娥一号、嫦娥三号、嫦娥四号等国家重大工程的研制工作和国家863计划"火星测控关键技术"等多个课题的预研工作。

月球知多少

月球是离地球最近的一个地外天体，也是地球唯一的一个天然卫星。从古至今人们对月球就有很多美好的向往。大家可能都知道，从地球上看月球始终看到的只是一面，另一面在地球上是永远看不见的。月球是人类非常想探索的一个地方。

月球的半径大概是地球的 1/4，月面重力是地球的 1/6，月球与地球的距离大约是 38 万千米，月球的自转轴和它公转轴的角度大约是 5 度。月球表面遍布各种各样的撞击坑。月球本身是不发光的，它是反射太阳光。那么月球的背面有光吗？其实相对太阳来说，月球的背面跟正面是一样的，月球背面也是有光的，月球的"背"和"正"是相对地球来说的。月球的一天是地球的一个月，咱们的农历就是这么来的，月球的一天是地球日 28 天多一点，14 个地球日是它的黑夜，14 个地球日是它的白天。

月球上有一个很有意思的现象，天文学术语叫作"潮汐锁定"。潮汐锁定是什么呢？做一个简单的演示大家就很清楚了。比如说左手是地球，右手是月球，大家都知道月球绕着地球在公转，如果月球的自转、公转速度是不一样的，假设月球没有自转的话，公转的过程中在 0 度这个方向上看到的是"手心"，当它公转到 180 度这个地方的时候，看到的就是"手背"。也就是说整个月球公转一圈后，月球的正面和背面在地球上都能看见。但是月球公转和自转的周期是一样的，在月球公转 360 度的过程中它自转也转了 360 度，那么在 0 度这个位置看到的是"手心"，到 180 度这个位置看到的还是"手心"，所以说从地球上看月球永远看到的都只是一面。实际上"潮汐锁定"在宇宙中是一个很常见的现象。比如说地球锁定了月球，火星也锁定了两颗卫星，木星锁定了 8 颗卫星，等等。最有意思的是互相潮汐锁定，像冥王星，它有一个卫星叫卡戎，它与冥王星互相锁定，就是从任何一个星上看对面永远看到的都只有一面（见图 1）。

月球上的地形地貌大致分为月海和高地。从正面看上去颜

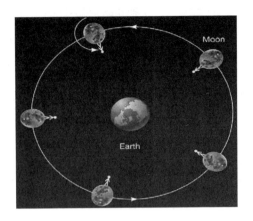

图 1　潮汐锁定示意

色较深的那些地方就是所谓的月海也就是环形坑。月海底部相对平坦，高地相对起伏更大。在月海地区，虽然相对平坦，但也有一定的坡度，一般来说最大的坡度大概是 17 度，大多在 0～10 度；而在高地地区这个坡度就高多了。环形山撞击坑还有一个特点就是，形成时间长的撞击坑相对平缓一些，类似地球上的沙坑，随着时间的推移被风化，变得更加平坦。虽然月球上没有空气、没有风，但是也不停地受宇宙各种粒子辐射，特别是太阳喷射出来的各种高能粒子的侵蚀，太阳风的作用使撞击坑随着时间的推移越来越平缓。

月球表面还覆盖着 10 米左右高低不等的"月壤"。这种月壤类似于地球上的火山灰，现在国际上公认火山灰是最接近月壤的一种物质，特别是我国长白山的火山灰，最接近于月壤的成分。这种灰就像细细的沙尘一样覆盖在月球表面。

月表的温度在 14 天的白天可以高达 100 多摄氏度，到了晚上没有光照，14 天的黑夜温度又会降低到零下 190 多摄氏度，温差非常大。

国际探月潮

我们说月球是人类探测地球以外天体的一个首选的目标，从1958年开始，至今已有61年的历史了。人类一共发射过200多个深空探测器，其中有100多个是去探月的。国外的月球探测大致分为三个阶段。从1958年到1976年是第一个高潮期。当时由于美苏争霸的历史背景，它们大量地发射了月球探测器。从1976年到1988年是相对的寂静期，在这10年里没有任何一个国家发射月球探测器。1989年以后又逐渐进入了第二个高潮期，美国、日本、欧洲、印度等先后发射了数十个探测器，中国2007年也发射了嫦娥一号，步入了国际探月大家庭。

月球的探测方式有五种。第一种就是硬着陆和飞越。说白了就是硬撞上去，或者从月球的侧面飞过去。这个典型的有苏联的月球2号，美国的徘徊者4号，这两个是硬着陆；飞越的有美国的先驱者4号和苏联的月球3号。

第二种就是软着陆和巡视勘查。软着陆能确保所携带的设备在安全地着陆以后还能够正常工作。第一个实现月球软着陆的探测器是苏联的月球9号，第一个实现巡视勘查的月球车是苏联的月球17号。

第三种就是环绕探测。就像卫星一样绕着月球去探测。这种方式也是有很多的科学成果和发现的，也是现在探月中一个比较广泛使用的形式。比较有代表性的就是苏联的月球10号和美国的月球1号。

第四种就是自动采样返回。就是软着陆到月面以后能够自动采集月球的样本，还能够返回地球，把月球的岩石样本拿回来。

苏联的月球 16 号第一个实现了这个目标。

第五种就是载人登月探测。这个大家都应该比较熟悉，就是著名的阿波罗系列，阿波罗 11 号和阿波罗 17 号，一共进行 7 次任务，完全成功的 6 次，有 12 名宇航员登上了月球。

从 1958 年 8 月到现在，全球一共实施了 107 次无人月球探测任务，其中完全成功的只有 53 次，可以看出来月球探测成功率不是很高，这也充分反映了航天是一个高风险的事业，月球探测更是一个高风险项目。

第一个去月球探测的是 1958 年 8 月发射的美国的先驱者 1 号，很可惜由于火箭问题发射失败了。真正第一次造访月球的是 1959 年苏联的月球 1 号（见图 2），它以飞越的方式从侧面第一个首次探访月球。1959 年 10 月 7 日，苏联的月球 3 号在飞过月球的时候拍摄了月球背面的第一张照片（见图 3），这也是人类第一次看到月球背面，受当时的技术所限，这个照片不是很清楚。月球车 1 号就是第一个无人月球车（见图 4）。它为阿波罗登月计划做了一些先期准备，美国发射了勘查者探测器（见图 5）和徘徊者探测器（见图 6）对月球进了一系列无人探测。

1969 年 7 月 20 日，人类首次登上月球（见图 7）。美国从阿波罗 11 号到阿波罗 17 号，一共进行了 7 次登月任务，其中 6 次完全成功。阿波罗 13 号我们叫"成功地失败"，因为它刚刚发射就由于储藏罐爆炸导致缺氧、缺水等重大故障，在地面和飞船的有效协同下，展开了一次惊心动魄的天地大营救，最终宇航员安全返回地面，这也成为航天史上一次故障处置的成功范例。

1989 年，美国发射了"伽利略号"，这是一个木星探测器，但在飞过月球的时候对月球进行了飞越探测，这也标志着月球探测逐渐地从寂静期恢复过来。之后，日本、美国还有欧洲都

图 2　苏联的月球 1 号

图 3　月球 3 号拍摄的月球背面照片

图 4　第一个无人的月球车——月球车 1 号

图 5　美国的勘查者探测器

相继发射了探测器进行探测。2007 年 10 月 24 日，我国发射了第一个月球探测器，叫嫦娥一号，它是一个绕月飞行的卫星，之后还有嫦娥二号、嫦娥三号、嫦娥四号、嫦娥五号飞行实验器。

图 6　美国的徘徊者探测器

图 7　1969 年 7 月 20 日，人类首次登月

嫦娥探月路

我国的探月工程分成三步，叫作"绕、落、回"。2007 年实施第一步，就是"绕"，进行绕月探测；2013 年完成第二步，实施月球的软着陆和巡视勘查；第三步"回"①，就是完成采样返回，拿月球的土壤返回地球。整个规划为"绕、落、回"，前一步是后一步的基础，后一步是前一步的跨越，非常有科学性。

我国探月工程虽然起步晚，但到目前为止一共进行了 5 次探月任务，五战五捷，百分之百成功，这是非常不容易的。2007 年嫦娥一号卫星实现了绕月探测；2010 年嫦娥二号卫星除了再次绕月以外，它向更远的方向奔去，目前嫦娥二号是我国飞行距离最远的一颗卫星。2013 年嫦娥三号探测器实现了我国首次月面软着陆，在世界上是第三个。2018 年嫦娥四号探测器首次实现了人类的月背软着陆和巡视勘查。

一期工程"绕"。

嫦娥一号（见图 8）工程的核心目标就是实现我国航天能力从地球走向月球。2007 年 10 月 24 日，嫦娥一号卫星由长三甲火箭成功发射，经过了多次变轨。它相对来说比较保守，不是一步到位，而是分了几步走，在地球先绕了三个大圈——术语叫作"调相轨道"。目的是什么呢？是在这个轨道上经过进一步测定以后，看是不是和目标轨道上有所差别，有多大差别。在这个轨道上还来得及进行相位调整，实际上就是对探测器的速度等各种轨道参数进行修正，修正到能和月球精确交会的那个大椭圆轨

---

① 2020 年 12 月 17 日"嫦娥五号"已实现"回"。

图8　嫦娥一号

道上去。被月球捕获也不是一次制动完成的，而是分了三次，首先是一个60000千米的轨道，其次缩变成一个6000千米的轨道，最后变成探测器的目标轨道，环月200千米使命轨道。我们知道探测器进行近月制动的时候，它要在恰当的时间，或者叫正确的时刻给予正确的刹车量，也就是说在月球的近月点上，恰恰要在这个时刻进行刹车制动。从理论上说，要在这一无穷小的时间内有一个无穷大的刹车量最节省燃料，但实际上没有任何一个发动机能够做到这一个，所以它是一个长刹车的过程，也是一个持续的过程。探测器只有发动机动力足够大的时候才能被月球捕获，如果这个发动机的推力不够大，就只能通过这种方式实现目标。嫦娥三号、嫦娥四号都配备了我们国家最大动力的航天器发动机——7500N。当时嫦娥一号还不具备这个条件，当时只有490N。

嫦娥一号的主要成果：嫦娥一号卫星的研制、发射和在轨运行，迈出了我国深空探测的第一步，突破了地月飞行轨道的设计技术、地月远距离的测控通信技术和关键变轨控制等一些关键技术；获取了我国第一张月面的全影像图（见图9）；我们在此基础上初步建立了我国的探月工程体系。

图9 我国首次探月工程全月影像

二期工程"落"。

嫦娥二号也实现了多项跨越，除了对月球再次进行了环绕科学探测外，还完成了两个有特色的拓展任务。一个是去了日地拉格朗日 L2 点。两个天体，每一个天体都有外部引力，当卫星在这两个天体之间时有一个平衡的引力点，理论上卫星能够在这个点保持静止不动，这个点就是拉格朗日点。两个天体之间不止一个拉格朗日点，日地之间有 5 个，嫦娥二号去的是 L2 点。另一个拓展任务是，嫦娥二号在完成 L2 点探测之后，在向更远的深空进军的旅程中，与一个名叫"图塔蒂斯"的小行星擦肩而过，实施了一次完美的飞越探测。小行星当时距地球大概是 700 万千米，嫦娥二号与其最近的距离大概只有 700 米。在这个难得的位置上嫦娥二号获得了全球唯一的"图塔蒂斯"小行星高清图片（见图 10）。

嫦娥三号就是要实现"落"这个任务，要突破月面软着陆和巡视勘查的关键技术，建立一个完善的探月工程体系。要去进行月球地貌、地质构造、物质成分等的调查，形象地说就是对月球进行一次全方位的体检。探测器由着陆器和巡视器构成，巡视器也就是通常说的月球车，整个探测器发射的时候重量有 3800

图10　嫦娥二号卫星飞越"图塔蒂斯"小行星

千克左右，其中巡视器是 140 千克左右。

嫦娥三号是 2013 年 12 月 2 日发射的，经过了 12 天的飞行，12 月 14 日着陆在月球正面的虹湾地区（见图 11）。这是嫦娥三号安全着陆后拍的月球正面图片（见图 12）。嫦娥三号还获得了首幅月球的剖面图，首次揭示雨海区和火山的演化史。嫦娥三号带了一个月极天文望远镜，由于没有大气的干扰，在月球上看星星比在地球上要清晰。这张是首次在月球用极紫外相机拍摄的地球两三万千米范围的极紫外射线的分布图（见图 13）。

图11　嫦娥三号着陆点

73

图 12　嫦娥三号拍摄的月面地貌

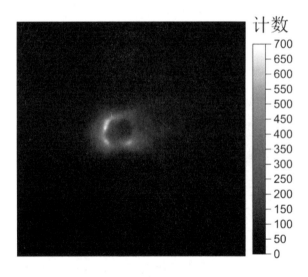

图 13　嫦娥三号探测的地球周围极紫外分布

　　嫦娥四号，这是今天介绍的重点。我们说嫦娥四号达到人类前所未至，是因为嫦娥四号是我国也是世界上首个着陆于月球背面的探测器。任务的工程目标有两个：一是要实现人类首次月球背面的软着陆和巡视勘查；二是要实现首次地月 L2 点的中继通信。如何解决月球背面与地球的通信问题？就在这个地月拉格朗日 L2 点上布置一个中继卫星。所谓地月 L2 点就是在地球与月球的连线上、在离月球背面大约 65000 千米的这个地方的一个点。这个点的特性是随着月球一起围绕着地球公转，如果这里有一个卫星，那么它始终跟随着月球绕地球公转，同时又看得见月球，所以这是一个非常好的地月中继转发位置。嫦娥四号的科学目标主要有两个：一是月基的低频天文观测；二是月球背面的地貌、矿物组成和浅层结构的探测。

整个嫦娥四号探测器系统包括着陆器、巡视器，以及中继星。嫦娥四号整个任务是分两次发射的。第一次是发射中继星，之后再发射着陆器和巡视器。中继星命名为"鹊桥"，巡视器命名为"玉兔二号"。

虽然中继星的功能很强，但是个头并不大，只有 450 千克左右。寿命是 3 年，力争 5 年。为什么提到"力争"这么一个词？因为寿命和所携带的燃料是息息相关的。在这个轨道上，这个点虽然理论上是一个不受力的点，但实际上这个点上的卫星还是要进行轨道维持的，包括到达那里也需要燃料。毕竟我们是第一次去，到底是会消耗多少燃料？虽然我们进行了缜密计算，但是实际的工程误差一开始还不是很有把握，我们担心不会像预计的那么理想，所以寿命上没有提太高的目标。但是现在中继星实际在轨运行非常好，目前分析工作 10 年应该没有问题。

整个中继星的飞行过程很复杂。中继星发射后首先进入地月转移轨道，经过月球的时候也不是被月球捕获，而是通过月球借力，从月球的侧面飞过去。此时有一个恰当的刹车，刹车量不能太大，不能被捕获，但刹车量也要能够使中继星奔向使命轨道点——就是地月 L2 点。到达 L2 点的时候还要再经过好几次修正，逐渐逼进目标点。

着陆器带巡视器的飞行过程跟嫦娥三号类似，先是地月转移的过程，经过几次中途修正，然后通过近月制动后进入环月轨道，在这个环月轨道运行了 22 天。嫦娥三号当时只运行了 8 天，为什么两次时间不同呢？这是着陆点不同造成的。也就是说环月运行的时间和要到达的目的地相关。从地球到月球有一个消耗能量最小的轨道，即"能量最优轨道"，这个轨道对燃料的需求量是最小的，能量最优轨道到达月球的经度是一定的。之后探测器围绕着月球转，在转的过程中，探测器轨道面在惯性空间的位置是不变的，靠着月球的自转，探测器轨道到达月面着陆点上空。嫦娥三号落在虹湾地区，近月制动 8 天后就转到虹湾地区上空了，就可以择机着陆了。而对于月球背面的目标着陆区"冯·卡门撞击坑"（见图 14），嫦娥四号近月制动后需要进行 22 天才能转到其上空。

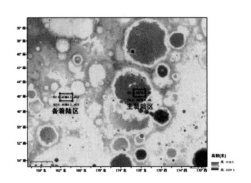

图 14　嫦娥四号着陆区

月球的背面着陆探测的意义是什么呢？有两个。一个是月球的背面有月球上最古老的撞击坑，很多科学家也认为它不仅是月球最古老的，也是太阳系最古老的撞击坑，叫作"南极—艾特肯盆地"，这个盆地很大，直径大概有2500千米，因为形成时间古老，受到了多次撞击，大坑里套着小坑，小坑再套着小小坑，像一个被翻了很多遍的田地，能呈现月壳底部甚至月幔层的物质，所以它科学研究的价值很高。另一个很重要的意义就是低频射电探测。很多科学家在研究宇宙起源也好、太阳系的起源也好，会利用一个非常重要的信息，就是宇宙空间小于10兆赫兹的低频的电磁波信息。但是由于人类的活动，低频电磁波信息在地球上已经被污染了，探测不到了。而月球正面屏蔽了地球的无线电信号，使月球背面成为研究低频电磁波最佳的观测站。

在工程实践上，嫦娥四号最主要的难点有两个：一个是复杂地形条件下的安全着陆；另一个是中继通信。

月球的正面相对来说地形比较平坦，嫦娥三号在虹湾地区整个着陆过程中，经历的月面起伏大概只有2千米。而在月球背面"南极—艾特肯盆地"着陆过程中经历的地形起伏要高达7千米，剧烈的地形起伏对着陆安全造成了很大的挑战。月球的背面除了高低起伏之外，撞击坑还非常多，而且还是坑套坑，实际上我们要去的"南极—艾特肯盆地"就是一个大坑，在这个坑里头又被后续的很多小天体撞得到处是坑（见图15）。所以它整个地形相当复杂，满足安全着陆的条件的区域很小。因此针对地形崎岖复杂的挑战我们要解决两个核心问题：一是要高精准着陆；二是要高可靠性着陆。

所谓高精准是什么意思呢？就是因为在月球背面寻找一块相对平坦的着陆区要远比在正面难得多，而且找出来的这个区域也要比正面小得多，所以要求探测器的着陆精度必须高，要做到"指哪打哪"。嫦娥三号着陆的虹湾地区大概是300×900千米这

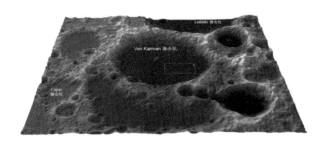

图 15　复杂的着陆区地形

么大的一个矩形区域，而在月球背面选不出来这么大一片区域，最后我们选择出来一块相对安全的着陆区域，只有 50×30 千米。

　　首先，对着陆初始点的控制相当重要。着陆后期发动机的推力已经减小了，整个着陆航程主要取决于前期，就是 7500N 满推力工作段，起始点要测得非常准，如果起始点偏了，最后着陆点也就偏了。其次，要对 7500N 本身的推力大小进行精确的标定。如果说 7500N 的推力不准，那么即使起始点很准，推力不准导致的制动力偏差也会使最终的着陆点偏离原来的目标。总之通过精细的轨道设计和控制，以及对推力的精准标定，我们实现了高精度着陆。

　　这是传回来的第一张月球背面近距离的照片（见图 16）。可以看到在那个着陆点不远处就有一个大坑，如果说没有自主避障功能的话，落到这个大坑中后果不堪设想，坑里太阳光会受到遮挡，通信也会受到遮挡，这都会导致灾难性的后果。

　　图 17 是当时两器分离时候的照片。在着陆器上我们设计了一个用于释放巡视器的转移机构，像一个梯子，巡视器在这个梯子上缓慢地移动到月球地面，驶离着陆器，最终实现两器分离。图 18 和图 19 是在月面着陆器拍巡视器、巡视器拍着陆器的真实图片。

78

图16　第一张月球背面近距离高清照片

图17　巡视器驶离着陆器

国际天文联合会批准了嫦娥四号着陆点及其附近5个月球地理实体的命名，嫦娥四号着陆点被命名为"天河基地"，在着陆

图 18　着陆器拍摄的巡视器

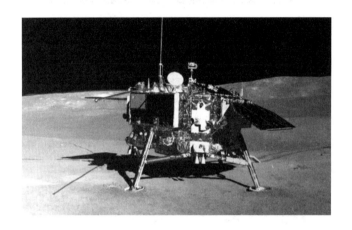

图 19　巡视器拍摄的着陆器

点的周围有三个坑，分别被命名为"织女"、"河鼓"和"天津"；这个坑里还有一个山，被命名为"泰山"。织女就是织女星，河鼓就是牛郎星，天津与牛郎织女构成了著名的夏季大三角，也就是在夏天观测比较明亮的三颗星。现在月球只有两个地方被国际天文联合会批准命名为基地，一个是嫦娥四号的着陆点，即"天河基地"；另一个就是阿波罗 11 号的着陆点，即

"静海基地"（见图 20）。能够取得月球地理实体的命名权，从侧面反映一个国家在月球探测及其科学研究工作上所取得的成绩，体现了一个国家的综合实力和科学技术发展水平。

嫦娥四号任务的圆满成功，在人类历史上首次实现了航天器在月球背面软着陆和巡视勘查，首次实现了地球与月球背面的测控通信，在月球背面留下了世界探月史上的第一行足迹，揭开了古老月背的神秘面纱，开启了人类探索宇宙奥秘的新篇章。为人类和平利用太空、推动构建人类命运共同体贡献了中国智慧、中国方案、中国力量。

图 20　国际天文联合会批准的嫦娥四号着陆点命名

近视眼的防控

姚晓明

姚晓明

医学博士，主任医师，深圳华厦眼科医院业务院长，日本、俄罗斯访问学者。原深圳市眼科医院角膜病首席专家，暨南大学医学院硕士研究生导师、中国医师协会理事、深圳市政协委员。

我们医生在临床接诊中，除了弱视、斜视的患儿家长会重视治疗外，大部分家长觉得仅仅配一副眼镜就可以了，并不重视近视的治疗。

但实际上，青少年近视一定要医治。大家看亚洲近视数据的情况，30 年前只有 25% 左右，现在已经到了 40%，这是近视人群的发展情况。大家记住 369，3 就是现在小学的学生 30% 近视；6 就是到了中学、高中 60%；9 就是到了大学 90%。现在这个比例还在往前移，到了高中的时候已经接近 80% 了，到了大学之后就更多了。

什么叫近视呢？简单讲眼球就像一个照相机，当我们调焦距的时候镜头会伸缩，但人是自动调节的，正视眼的焦点是落在视网膜上面的，视网膜面是照相机的胶片，或数码相机的记忆卡，如果焦点落在视网膜前就叫近视，如果落在视网膜后就叫远视。所有屈光不正的疾病有三种：近视、远视和散光。有人说老花，老花不是屈光不正，老花是人年纪大了晶状体硬化造成的调节功能的减退。整个屈光不正的近视、远视、散光当中最常见的就是近视，它一但在视网膜前形成虚焦，你看东西就模糊了。

什么叫高度近视？600 度及以上就是高度近视。这里有一个表，我们可以看到，孩子如果从 9 岁开始近视 100 度，以最低 50 度增长，到了 18 岁的时候他就是 550 度，18 岁的时候已经接近高度近视了；如果每年增长 75 度，就是 1000 度了。每个家长都认为，自己的孩子不会变成高度近视，但现实是，目前 10 个青少年里至少有 1~2 人发展成了可怕的高度近视。

近视眼分为以下几类。

（1）先天性近视眼。有的孩子生下来就有先天性的近视眼，是没办法预防的。

（2）遗传性近视眼。近视眼的遗传率达 80%。

（3）眼部其他疾病伴随的近视。如视网膜色素变性、圆锥角膜等眼部疾病伴有近视。

（4）后天获得性近视。"不让孩子输在起跑线上"，幼儿园的孩子们就开始了学前培训，琴棋书画样样不差，却牺牲了户外玩耍的时间。

前面三个我们很难控制，但环境的因素我们是可以控制的。近视眼的分类防控就是人为地干预。我去年做了一个手术，这个人 2400 多度，按照 300 度一个毫米计算，你想想向后延长了 7 个毫米，这个眼球加大 7 毫米！

我们要讲一下近视的机理。有些人老说近视是看书时间长造成的。是这样吗？大家注意看图中这个地方，这三个是最重要的环节。我们先看近距离工作，时间长了会造成什么呢？人的眼球的结构是随着重力的作用向前的，在重力的作用下人的晶状体和虹膜向前移，前移以后我们的前房角就变窄了。前房角变窄是什么意思？正常的人有一个叫房水的流出系统，也叫循环系统。我们的身体有心脏血液循环系统，血液从左心室到主动脉，体循环之后回流到心房，完成整个心脏血流的循环。眼睛也不例外，它也需要循环。眼睛有代谢，代谢的物体需要输送出去，就像人排汗、排大小便，废物要排出去。房角变窄以后，东西不能及时地排出去，就像水库如果不泄洪压力就高了，库容增加、库压变大，晶状体比重就大了，它往前挪了以后就压迫房角，造成眼压升高。我们为什么老说青少年近视的防治，没有说中老年的近视防治，道理是什么？因为青少年眼球的发育一般来说要在 18 岁以后才能定型，在这个时间段整个眼球的眼球壁是非常薄的，它在眼压的作用下可以膨胀、变长，形成近视。所以它的核心就是眼压增高。这个也一样，近距离时间长了以后，眼内肌调节也可以让瞳孔缩小、晶状体的凸度增大，房水经瞳孔向前房输送不畅，后房压力增高，房角变窄，从而导致眼压增高。这个地方也一样，人在看书的时候，近距离时间太长，人的眼内睫状肌舒张了以后，小梁网变窄，房水排出通道变窄，最后也是眼球的房水排出阻力增加，眼球的供血量增加，眼睛就充血，导致眼压升高。

近视眼的防控

我们要为眼睛减负，就是减少持续性近距离工作的时间。如国内长期推行的"三个一"：眼离书本一尺远，胸离书本一拳远，手离笔尖一寸远；美国还有"三个20"：持续性看近不要超过20分钟，看近后看远至少在20秒以上。这些都可以很好地为眼睛减负，预防近视的发生及减缓近视的进展。所以近视防控的最好对策便是增加户外活动时间，每天保证2小时，每周保证不少于10小时。

近视眼到底能不能治？近视眼是不能治的，但是可以矫正。矫正通过什么呢？一种是包括药物在内的非手术方式，另一种就是手术方式。

非手术方式主要是戴框架眼镜、硬性角膜接触镜（RGP镜）、角膜塑形镜（OK镜）和采用药物治疗。

（1）框架眼镜。这种眼镜种类繁多，经济实用，材料材质也比较单纯（光学玻璃和合成树脂）。再一个就是它的周边，眼镜的周边越厚它就越有棱镜的效应，近视度数越高，棱镜效应越明显。所以大家有时候看一个人戴着厚厚的镜片，从旁边你透过眼镜看皮肤会错位非常明显，度数越高它的移位越明显。你要获得最好视力的最低度数，比如你现在用100度可以看到1.0，我们戴眼镜看到1.0就行了，1.0是标准视力最低的正常值，如果100度可以看到1.0，那么125度也可以看到1.0，150度也可以看到1.0，那么选择100度，就用最低的度数。另外双眼的屈光度如果相差大于300度的时候，就要关照度数低的眼睛。比如我一个眼睛是200度，一个眼睛是500度，那我关照200度的眼睛，也就是说超过 300 度以后我两个眼睛不能融合了，我把它降到一个 200 度，一个 450 度，不要超过 300 度，超过 300 度我两个眼睛会非常不协调。再一个是看近的时候，看书的时候要不要戴眼镜？一般来说不用戴，近距离工作的时候不用戴。因为近视是矫正看远的，它不是矫正看近的，远视眼看近看远都要调节，近视一般来说不戴。但是有些人问了高度近视怎么办？我 600 度以上，看着有点费力。这样你就换一个渐进镜片，眼镜的下半部是低度的近视，上半部是看远的充分矫正的镜片。矫正两种不同距离的近视的镜片融合起来，没有一个明显的界限，叫渐进镜片。大家还要注意角膜的顶端和镜片之间的距离应在 12 ~ 15 毫米。

（2）RGP 镜。RGP 镜是一种硬性接触镜，有触觉效果好、透光率高、清晰、不变形等特点，还可以矫正散光，寿命还比较长，保养也比较简便。因为比较硬，不像软性接触镜容易磨损，硬性接触镜可以清洗的次数比较多，用的时间比较长。

（3）OK 镜。OK 镜是根据你角膜的形态给你点对点地压迫，实际上就是一个压迫镜。但它可以让你晚上受到压迫，当早上起来取下以后，眼睛恢复正常视力。

（4）药物。药物也是非手术治疗近视的一种方法。0.01% 的阿托品是一种睫状肌的麻痹剂，睫状肌麻痹以后就能得到休息。另外如有假性近视的话它会把假性近视解除了，因为假性近视是睫状肌痉挛引起的。

手术治疗也有多种方式。屈光手术主要有三大类。第一类是在角膜上做的屈光手术，叫角膜相关的屈光手术。又根据所用激光的性质还有手术方式的不同，分为表层的屈光手术和板层的屈光手术。第二类是眼内屈光手术，是和晶体相关的屈光手术。第三类是巩膜屈光手术。

为什么拿角膜做文章呢？眼球的整个屈光度将近59D，角膜43D，就占70%以上，也就是说角膜只要动一点点，对整个眼球屈光力的影响就非常大，无论用什么方法把角膜变薄，近视眼就矫正了，但是有一定的限度，如果这个人600度、1000度，那这个角膜的厚度切削的范围是有限的，不能无限地切薄。

目前比较常用的与角膜相关的屈光手术有以下几种。

（1）LASIK（准分子激光原地角膜磨镶术）。眼科医生在角膜上做一个角膜瓣，使用准分子雕琢暴露的角膜组织。

（2）PRK（准分子激光屈光性角膜切削术）。切除角膜上皮，然后使用准分子激光重塑角膜。可以矫正低至高度近视，低至中度远视、散光。

（3）Epi-LASIK（微型角膜刀法准分子激光角膜上皮瓣下磨镶术）。使用微型角膜刀在角膜上覆盖的上皮层创建角膜瓣，主要适用于无法接受标准LASIK手术的患者。

（4）SMILE。SMILE是应用飞秒激光在角膜基质扫描形成光学透镜，并将透镜从飞秒激光制作的角膜周边小切口取出，用以矫正近视、远视、散光等。这个手术切口小，普遍受到欢迎。

角膜如果薄了怎么办，薄了你也去打吗？不能打，打了以后在眼球内压的作用下会往前喷涌的，就像气球一样的，最薄的地方是最容易破的。所以又有科学家想出了眼内透镜的手术办法，就说你没有白内障，我依然可以把人工晶状体放进去，相当于我们把近视镜缩小放进眼睛里。原来有前房型的，放在角膜后面，这种手术反应太大，经常弄得角膜水肿，又要换角膜，所以后来设计了后房型，后房型放在虹膜的后面、瞳孔的后面，这样它就安全了，直接放进去。这个手术大概三五分钟就做完。而且它可以更换，有些近视眼眼球前后径延长，近视度数加深了怎么办？它可以取出来，很安全的；另外它位置稳定，光区也大。深圳现在有不少医院在做这个手术，大概一只眼睛要一两万元、两三万元的样子。人工晶体有独特的优势，干眼发生率也低，对眼睛的伤害不大，再一个就是可逆。

什么叫巩膜呢？大家叫黑眼珠、白眼珠，我们的白眼珠就是我们的巩膜，当然在白眼珠之前还有一层结膜。巩膜手术主要有两种。一种是巩膜如果变长了以后，把它缩短。怎么做呢？近视眼眼球长了，我现在把中间环形切一条，然后把它缝起来。现在有一种烧水的杯子可以压缩，便于携带，道理是一样的。我把中间的巩膜切掉，缩回去，但这个手术风险就比较大。

另一种是巩膜加固术。大家去过重庆，重庆的妇女背孩子就用棉布或毛毯把孩子的屁股一兜。这个手术就叫兜袋术，也叫巩膜加固术，实际就是把眼球巩膜后面加固住。加固的目的是不让你往后延长。这个手术可不是让你的近视度数变小，而是让你不再发展或者延缓你的发展。近视的程度越高，眼球越长，我把它加固，增加它的厚度，它就不往后延长了。因为有些近视非常令人头疼，你一月不见，他来了以后视力又增加了，一年不见增加几百度，这对视网膜影响很大。

提醒大家，任何的治疗都是一把双刃剑，没有绝对好的，也没有绝对不好的。

总之，近视是可防可控的，重点是针对青少年进行防控，减轻环境因素的影响。近视眼防控最关键的问题就在于建立一个由医疗和教育系统、家长以及政府部门共同参与的科学的青少年近视眼防治体系。

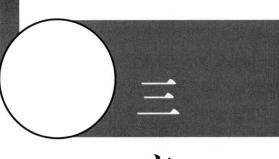

三

文学艺术

国际视野下中国设计的传承与创新

林家阳

林家阳

留德学者，同济大学设计创意学院教授，博士生导师，天津"天师学院"校长。教育部高等学校设计学类专业教学指导委员会副主任，中国工业设计协会常务理事。

相对于绘画艺术，设计艺术完全不同。绘画艺术面对特定人群，在特定空间里供人欣赏，如在美术馆、博物馆、教堂。而设计却随处可见，如体现在衣、食、住、行、乐当中，与我们生活息息相关，我们的穿着，我们身处的大讲堂的空间、座椅，我们使用的电脑、手机等，所有的东西都需要设计，设计无处不在。

在现代世界设计录中，北欧的设计以自然为本，体现简约的设计风格——以宜家为代表；德国的设计提倡为大众服务，早在1919 年就创立了包豪斯教育和设计体系，以功能主义为核心；日本设计则是小而精、少而简，处处体现对人的关怀——以茑屋为代表；美国设计则通过现代技术让人体验设计的价值和美好——以苹果为代表。

德国设计学教授盖尔哈特·马蒂亚斯在中国的设计史上是一位举足轻重的人物，1990 年他克服了种种困难来到中国，受邀在当时的无锡轻工大学（现在的江南大学）任教。之后他每年坚持两次来华执教，至今从未间断，对中国设计文化情有独钟。在中国 29 年的教学中，他经常告诫中国设计学子和设计师要"自信、自强、自爱"。他说："要相信中国文化是世界上最伟大的，只有学通了，学懂了，在设计中反映出中国特色，才是最好的设计，千万不要学美国、日本与欧洲。"

马蒂亚斯刚到中国时，教学和生活条件非常差，学校图书馆资料甚少，设计实践教室几乎没有，城市缺少博物馆、美术馆、音乐厅等公共艺术场所，社会设计氛围尚未形成，甚至有钱买不到咖啡，找不到想去的消费场所。在他十分失望的时候，无意中参加了一次博物馆和寺庙的考察，这次参观考察逆转了他失望的情绪，坚定了他留在中国继续教学的决心。

德国不来梅城市的地标一直受到马蒂亚斯的欣赏并被他引以为傲，但他没想到在中国香格里拉的香巴拉藏博物馆里，竟然发现了1000 多年前中国佛教图腾与德国不来梅城市的地标有超级相似之处（见图 1、图 2）。这使他开始正视中国设计在人类历史上的作用。当看到千手观音和十八罗汉中的视觉蒙太奇（同构艺术）现象时，他激动地用拳头敲打自己头部：为什么中国的祖先们这么具有设计天赋，他表示一定要让欧洲的理论家们改写世界设计创新的历史。

图 1　香巴拉藏博物馆佛教图腾　　　　图 2　不来梅城市标志

当他看到公元 220 年中国东汉时期的马踏飞燕，再去比较他所推崇的马格利特的"超越"，他惭愧并风趣地说："当我们（指欧洲人）还住在窑洞的时候，聪明的中国人早有了不可思议的发现和表现。"（见图 3、图 4）

欧洲人普遍认为电影蒙太奇和视觉蒙太奇（同构艺术）都出自他们之手，但以下作品的出现使马蒂亚斯看到，他们不仅不能与中国人"同代而语"，而且相差了 3500 年之久。

上海金茂大厦由美国纽约的 SOM 设计事务所设计，设计师用世界建筑语境对中国传统建筑风格做了很好的诠释，其灵感也是源于云南大理的千寻塔（见图 5、图 6）。

图 3　马格利特的"超越"
（1940 年）

图 4　马踏飞燕（公元 220 年
东汉时期）（1969 年甘肃出土）

图 5　上海金茂大厦

　　这个案例说明了"传承"和"创新"的关系。通过运用色彩、材料、线条和时代语言等元素去演绎，设计师使传统设计活化，并赋予时代文明以色彩。

图6　大理千寻塔

再如，日本博报堂的广告，其构思的企业形象源自中国的"五子十童图"。博报堂是世界最具有创造力的广告公司之一，广告奖获得最多，博报堂的企业形象广告从中国传统"五子十童图"的设计语言中汲取了灵感（见图7、图8）。

图7　五子十童图

图8　日本博报堂企业形象广告

中国不缺乏文化自信的根基，看近几届世博会日本馆、韩国馆的精华就知道。比如，2015年米兰世博会的日本馆，整个建筑都采用中国传统建筑中的卯榫结构，我们建筑的精华被他们充分地吸收和利用了。韩国也传承了中国的饮食文化，把泡菜文化演绎得妙趣横生，把每个菜坛子制作成不同的形状，通过数字媒体形式进行演绎。虽小题大做，却震撼了整个米兰世博会（见图9）。

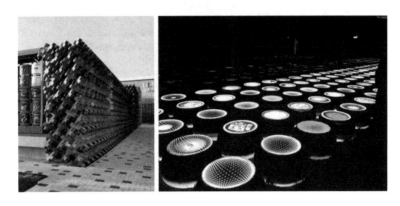

图 9　2015 年米兰世博会——日本馆和韩国馆

中国设计传承中的三个期待

1. 对中国传统文化和设计价值的认识

与其说日本设计能力强，倒不如说他们善于学习，他们对学习中华文化，以及对学习真正的汉文化毫不含糊。尤其是汉、唐、宋三个时代的经典文化，这些我们很多中国人都搞不明白，他们却很清楚。我们有时候很极端，对自己传统文化要么否定，要么不加选择地继承，更谈不上创新。日本设计师们则很善于选择性地学习，并勇于超越。法国的文化历史很短，因此他们善于寻根嫁接悠久的埃及文化，比如欧洲时尚第一品牌爱马仕的设计就说明了设计文化传承的魅力。中国有自己的根，有灿烂的设计文化，只有正视自己，好好学习，才有自身的"姓氏"、个性和风格。1999年德国视觉大师金特·凯泽在评价中国学生作品时说，对一件好作品的评价并不是看其是否具有美学质量和形式感，而是看其有没有中国特色。有几位华人设计师值得敬佩，如杭州的王澍、北京的张永和、深圳的陈绍华，他们的设计作品正是像凯泽所说的具有中国特色。

中国有许多设计对传统有继承，却缺乏创新与发展。无论今天的苏绣还是以前的苏绣，多以花鸟虫草、亭台楼阁为主题；湘绣还是以前的湘绣，多半以老虎、狮子为主题；蜀绣还是以前的蜀绣，以熊猫和毛竹为主题，和其他绣种一样几百年不变。反而是名不见经传的台绣，却成为中国绣品走向世界的代表。1893年，有位法国传教士来到台州，看到绣娘们的刺绣极妙，于是把它通过设计改良引入欧洲市场，这便开启了台绣走向世界的大门。正是基于这样的基因，台绣产生了很多设计"新秀"，林霞就是其中的一位，她用全新的绣艺语言演绎绣品，把平面作品转换成浮雕的甚至是立体的（见图10、图11）。

如果艺术大师们都能把传承和创新同时放在最高境界追求的话，中国设计一定可以迈上一个大台阶。在湖北荆州博物馆展出的2000年前汉代的作品，其艺术与技术造诣令现代人都叹为观止。

同是漆器，今天却极少有这样优美文雅的作品。

一说到瓷器人们就联想到中国，但今天中国瓷却没能进入世界知名瓷器品牌的前列。中国五大官窑之一的钧窑，所制钧瓷今天已无法跟日本相比，因为日本一直在不断学习、研究中国瓷器，把各种瓷器的优点融在一起，并进一步研究材料、用色等技艺，最终制作出了上等的钧瓷。

图 10　左图：苏绣（上）、蜀绣（下）；右图：湘绣

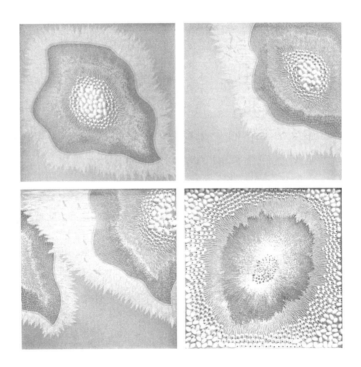

图 11　台绣

明代家具是中国家具之典范。芬兰著名设计师、世界顶级家具设计大师库卡波罗教授对中国明式卯榫结构如痴如醉，潜心研究 20 多年，极大地丰富了他的家具科研宝库。他对中国人在那个时代能有这种严谨的精神深感钦佩。

酷爱中国设计文化的德国卡塞尔艺术学院马蒂亚斯教授在四川美术学院演讲中说："中国人要自信，要坚信自己的设计曾经是最强大的，最有创造力的，最让世界刮目相看的。"中国博物馆里的藏品不仅代表过去，也对中国现代设计具有现实意义——内容之丰厚，意义之深刻，取之不尽用之不竭。他建议不要学习美国，不要学习日本，也不要向德国人学习，应该从自己的祖先身上汲取养分，这样才能确定中国设计的国际地位。

由于较长时间我国县级地区大多没有博物馆，所以我们的知识教育中就缺少了地方文化的滋养，这是我们设计艺术传承中的一大遗憾，我们还远没有看清中国传统设计文化的伟大价值。

2. 对传统美学和美学教育的重视

中国设计是与中华文化共同成长的，7000 年前的人面鱼罐、6000 年前的阴山岩画、5000 年前的马家窑彩陶、2000 年前的汉服饰、1000 多年前的敦煌彩绘，都是美的创造。同构的美、象形文字的美、抽象的美、图案的美、装饰的美，美不胜收。从中我们感悟到了美的真谛——不同才是美，不同的美才有存在的价值。德国柏林艺术大学教授、世界顶级油画家巴泽利茨说："艺术作品无好坏，谁最有个性，谁就是好作品。"

在教育高度发达的今天，我们到处都有美术学院、建筑规划景观学院、设计学院，而我们的城市化建设、人们的生活方式却出现了雷同。更可怕的是，随着 30 年前的城市建设、10 年前的新农村建设，我们的古城和乡村、东西南北的服饰文化，包括各地的生活习俗正在逐渐消失——这是由于基层主管部门知识缺乏，在改造拆建中对地方传统文化没有采取保护措施，导致这些宝贵的文化慢慢消失。取而代之的是雷同，可怕的是，不是中国式的雷同，而是混杂外来文化的雷同。连我们设计教学中颇具中国美学特色的"图案与装饰"课程，在很多院校中都被源自德国和日本的"构成"课程所替代，这就导致了中国美学秩序的混乱，民族美学符号不断消失。

世界之所以精彩，就是缘于不同。国和国之间、民族和民族之间、地区和地区之间的不同，加上不同的习俗、不同的思想和不同的气候等，才构建了这个多彩而美丽的世界（见图12）。

图 12　亚洲人像和埃及人像

被誉为世界椅子设计大王的芬兰家具设计大师库卡波罗把其2000 年中国之行发现的明式家具视为经典——简洁的线形、科学的卯榫结构、富有高尚品质的美学风范，让他整整着迷了 20

年，并在他之后的设计中得到了体现。

中国的木雕美学表现能力极强，国外木雕则重视实用和形式上的创新，他们还善于把木雕技术和文创产品结合起来，赋予其更高的文化和经济价值。由于民族文化观念的原因，中国人喜欢写实，喜欢追求美学效果，更善于精雕细刻，如现代东阳木雕和明代福建木雕。美国木雕与众不同，即便是传统雕刻，仍要表现时尚气质，更体现科技精神。法国木雕体现艺术个性，法国艺术家以现代审美和创造新事物为荣，绝不简单重复，这成为每位民间艺术家的信条（见图13、图14）。

图13　现代东阳木雕

APEC会议上使用的是中国高雅瓷器，但那仍是德国皇宫御品的翻版。迈森瓷器由皇家建立，因此永远脱离不了皇家气质。300年来，尽管经历了半个世纪的东德时期，创新、高贵、精致的本质没有变化。300年前他们曾拜师景德镇，300年后是世界第一瓷器品牌，屹立不倒。在德国迈森陶瓷工厂几乎看不到泥土，设计师用布把泥土包着，细心取用。而在景德镇任何一个瓷艺工作室里，除了床上，泥土几乎随处可见。

图 14 法国木雕

艺术给人以美，让人懂得追求与造梦；艺术给人以高尚，让人懂得珍惜和尊重；艺术给人以气质，让人严以律己，追求完美；"雅致"永远是美的符号，成为人们永远的追求。

学习的目的是什么？是超越，赶超前人，赶超长者，赶超老师！日本从明治维新开始至今，他们学习西方，学习中国，已经走在了西方和中国的前面。学习要善于选择，善于识别，善于消化，正如青花源自西亚，成熟于中国，但又精于日本。

3. 生活体验是设计创新的好老师

生活是创造的源泉。有个鼻通的广告，设计师用一片莲藕作为画面元素，问其创意，回答是：感冒药要解决两个鼻孔的呼吸问题，莲藕那么多孔表明有更足的呼吸空间。问其创意来源，回答是：偶然有机会去了荷塘，亲眼看到了荷叶、荷花、荷杆、莲藕和莲蓬，由此铭记在心。这就是源于生活的体验。设计学院的学生往往不愿意去博物馆，也不写生，这就失去了创作的源泉——博物馆集中了过往文化的养分，而体验生活则是创新的起点。

深圳设计师陈绍华把太极拳和中国结两个元素很巧妙地合二为一，其设计成为奥运设计的典范（见图15）。身为建筑设计师的张永和，其文创设计作品也非常好，他把自家园中葫芦做成餐桌上充满趣味的道具，换一种材料和色彩就成就了另外一番风景。

图15　2008年北京申奥标志（陈绍华）

中国唯一的普利兹克奖获得者王澍，利用多种传统设计元素，赋予了中国美术学院新校区建筑设计新的表情——中国的、个性的、时代的、典范的。

芬兰设计师佩卡·萨米宁一次偶然的机会参与无锡大剧院的国际招标。经过调研发现，中国建筑不缺钢筋水泥，缺的是木头，80%的木头依靠进口，这会影响中国未来建筑设计的可持续性。那么有什么材料可以用来取代木头呢？中国人擅长用毛竹盖房子，但为什么不用毛竹盖大房子呢？因为毛竹怕火、怕水、怕虫。他和浙江安吉毛竹企业家们商议，引进芬兰的技术解决了三个瓶颈（防火、防水、防虫）后终获成功。由此可见，不论是中国设计师还是外国设计师，都要从现实生活中获得养分与力量，只有这样才能造就个性化作品，才能凸显设计之魂。

好设计的评价标准

被誉为"20 世纪最有影响力的设计师之一""活着的最伟大的设计师""设计师的设计师"的德国著名工业设计师迪特·拉姆斯提出好的设计是这样的：

创新的，使用的，美观的，易懂的，克制的，
诚实的，耐用的，细腻的，环保的，简约的。

这十点被世界设计界奉为圭臬，德国设计也成为世界优秀设计的代名词。

下面介绍来自美国、德国、日本和瑞典 4 个国家的 5 个品牌，它们体现了拉姆斯的设计思想。

1. 好的设计是革新的、具有创造力的——苹果设计

乔布斯有句经典名言："设计学院终将替代商学院。"设计一部手机，要考虑美学、商学、科学等诸多因素，最终还要考虑市场，特别要考虑用户心理。让用户乐于消费！他就是在这样的观念下创立了苹果品牌。

苹果设计特点：

（1）原创性；

（2）更好的用户体验；

（3）注重细节。

2. 好的设计是实用的、具有功能性的——德国包豪斯设计

设计教育诞生于德国。一说到包豪斯（BAUHAUS）我们首先就会想到包豪斯大学——一个著名的公立综合设计类大学。1919 年德国人提出的新观念是：设计不是为贵族服务，而是为大众服务。比如德国斯图加特的 20 世纪 20 年代公寓房，其设计理念便是让所有人都消费得起（见图 16）。

图 16　德国包豪斯商店：工匠精神和设计追求

包豪斯商店是在包豪斯教育体系基础上实践的产物，其规范化和系统化程度很高。包豪斯商店的商品应有尽有，无论什么型号的铆钉与螺栓都可以买到。

包豪斯设计特点：

（1）规范化和系统化；

（2）提高产品使用方便度与舒适程度；

（3）实用、唯美、极简、功能化、理性化。

3. 好的设计是谨慎克制与诚实的、是为人服务的——无印良品与茑屋书店设计

无印良品从 20 世纪 80 年代开始成了年轻人的追求，它价格

便宜、设计时尚、使用方便、材料简单，人们消费的是产品，但体验的是其文化价值。

无印良品设计特点：

（1）慢时尚绿色设计；

（2）人性化设计；

（3）先进的消费价值观，彰显品牌价值。

茑屋书店是全世界书店改革的典范。特点是把家庭设计融入书店设计，遵循目标客户群的生活习惯（见图 17）。

图 17　茑屋书店：精神上的"深夜食堂"

日本有 80 多家茑屋书店，它们根据不同的消费群体而设，如银座茑屋书店体现的是艺术与生活；岱山茑屋书店则是为老年人服务的书店。

茑屋书店设计特点：

（1）遵循目标客户群的生活习惯；

（2）独特的暖色氛围；

（3）周全的设施与个性化服务。

4. 好的设计是环保的，是尽可能少的设计——宜家产品设计

宜家产品设计的初衷是忠实地还原历史，它操作便利、视觉简约、细节精致（见图18）。

图18 宜家产品设计

宜家产品设计特点：

操作便利、视觉简约、细节精致、更加环保。

对设计之都深圳的期待

1. 对城市——更好的环境、更大的设计空间

深圳是中国最早的设计之都，深圳市政府对文创的投资力度较大，设计师资源较为集聚。要推动一个城市设计的发展，首先需要有健全的版权制度，以保障设计师长期可持续地创作。其次要保证市场的公平竞争，并能体现城市设计创新的活力。最后要

使设计项目得到政府的认可。政府职能部门的创新观念和审美境界决定了作品的优劣。

2. 对设计师——更国际、更开放、更交叉

对设计师来说深圳是一个天堂，但其设计教育资源相对匮乏，没有一流的设计院校支撑，这不得不说是这个城市的一大遗憾。深圳设计师要更国际、更开放、更交叉，还要抱有低调的学习态度，这样才能追上德国、日本这样的设计大国。在德国，再伟大的设计师都会永远保持学习的心态，他们经常到大学里听报告会，频繁地出现在各种设计交流场合。

3. 对市民——更有艺术需要的消费意识、更有设计的参与意识

消费观念决定设计师的命运。设计师的创作行为受多方面因素的影响，比如政策、环境、消费者等因素。大众是激活市场的重要群体，所以城市的各种文化艺术活动、公共文化设施等都是提高市民艺术审美力的重要支撑。愿深圳——中国第一个设计之都更成功、更有世界影响力。

新世纪文学中的城市形象

张艳梅

张艳梅

　　山东理工大学文学与新
闻传播学院院长，教授，中
国现当代文学学科带头人，
中国当代文学研究会理事，
山东省当代文学学会常务理
事，山东作家研究所所长，
淄博市文艺评论家协会主
席，山东省作协首届签约文
学评论家。

　　我们每天都生活在这个城市之中，熟悉所生活的城市的气
息、味道、节奏、色调，我们也熟悉这个城市偶然的停顿、凝
滞、低回和感伤。无论是悲欢离合、死生契阔、柴米油盐、衣食
住行，城市是日常生活的一个载体，同时它也是我们心灵和情感

的一个寓所。就像我们熟悉的汪峰的那首歌《北京，北京》，歌词大概有那么一段，"当我走在这里的每一条街道/我的心似乎从来都不能平静/除了发动机的轰鸣和电气之音/我似乎听到了他烛骨般的心跳/我在这里欢笑/我在这里哭泣/我在这里活着/也在这里死去/我在这里祈祷/我在这里迷惘/我在这里寻找/也在这里失去"。这是歌手的浪漫主义表达。

可能对于绝大多数人来说，每一天都过得心如止水，听不到城市的心跳，甚至听不到自己的心跳，每天走在所在城市的大街小巷，去上班、工作、生活。身边是林立的高楼大厦，地铁、车站、商场、酒店，还有城市的规则和秩序。当然也有一些没有那么直观，一座城市的教育水平、医疗水平、收入水平、消费水平，这些东西通过每一个季度、每一个年度政府的数据统计公报，我们能够感受到一个城市整体的发展水平和发达程度。

我们在城市的发展过程中，感受到了日新月异的面貌的变化，但同时这个城市不断扩张的空间感，不断加速的时间感，又给我们带来了压迫感和焦虑感。很多人喜欢影片《速度与激情》，我也喜欢，在影片中我们感受到了速度带来的刺激、冒险和挑战，但同时我们会有晕车感，我们会感到晕眩。那么，当代人的这种心理晕眩感源自哪里呢？最近这几年流行两个词，一个是"丧文化"，另一个是"佛系文化"，其实都体现了一种逃避的姿态，体现了对快节奏的生活带来的精神压力的逃避。同时这种焦虑感还体现为一种消遣性，就是各种段子的流行。这些段子其实传递了一种社会情绪，一种群体感受——对城市生活非常直观的感受。

究竟如何去看待一个城市的发展？城市的原住民、外来者、观光客，角度不一样，得出的结论也会有差异。就好像说我们站在乡村看城市，站在城市看城市，站在世界看中国，随着这个视角的改变，我们内心的感受和理性的表达也会有差异。我们在城市中生活，在城市中寻找着自己的存在感。如果说对于一座城市有内心的认同，那是因为我们有这样的一个身份的认同感。而如果我们是以外来者的身份来到这个城市生活呢？像深圳这样一个移民城市，市民来自天南海北，随着自己视野的改变，内心感受与理性表达也会发生变化。认同感建立在身份自觉基础上，而外来者往往有着潜在的认同危机，有的人就可能会有缺失、不安和疏离感，这是一种身份认同的危机。也就是说他还没有把这个地方当作自己真正的家园，他还没有身心合一地生活在这个地方，或者说他的生命和这个城市还没有完全地融为一体。

有时候我们会说，有的城市特别具有包容性、开放性，有的城市会有一些排外，外来者很难真正融入。现代作家沈从文曾经表达过他永远都是一个乡下人，所以他在自己的文学创作中，包括在《边城》《长河》等小说里，会反复书写他心目中的乌托邦，那个世外桃源，具有自然美、人情美、人性美的湘西世界，但同时他就会把自己嘲讽的笔墨给了城市中大学校园里的教授和知识分子们。

事实上，不同的城市有着不同的发展路径和独特的文化品格。在不断加速的城市化进程中，作家以及知识分子对城市书写是带着问题意识的观察与思考。如何去理解一座城市？这些年提及北京和上海，网上流行使用帝都和魔都两个标签。赵园的《北京：城与人》介绍了北京城与京味文化，包括文化的分裂与多元、文化的眷恋与批判，也包括城市文化标签、文化符码的形成等。理解一座城市，我们首先看到的是其代表性建筑，然后是建筑背后的城市文化。杨东平在《城市季风》这本书中详细地梳理了北京和上海两座城市不同的文化性格和不同的文化表现，从自然景观到人文景观，到风俗民情，也包括人的性格。杨东平的这本书出版之后其实就形成了地域文化研究的热潮，此后沪港两城，台北和北京，北京、上海和广州这样的比较研究就进入了更多学者的视野。这些研究对作家的创作会产生一定影响。这些研究既有人类学、社会学的文化视野，同时也会有美学、历史学和伦理学的一些研究视角。

还有像 2012 年的《舌尖上的中国》和 2018 年的《风味人间》，这样一些节目的制作和播出其实唤醒的也是我们内心的记忆。我们去了什么地方、见了什么人、看了什么样的风景、吃过什么样有特色的食物，这些都会构成人们对一个城市的深刻记忆。比如说粤式的早茶，天津的狗不理包子、煎饼果子，还有成都、南京、武汉好多地方的小吃等，这些是我们对于城市记忆的一种方式。多年以后吃到类似的食物，品尝到相似味道的时候，那些曾经的影像、走过的路、看过的风景，就会像影片一样回放在我们脑海。所以这些也都是城市记忆的一个组成部分。

在我们既有的观念里面，城市是喧嚣的，乡村是宁静的；城市是相对封闭的，而乡村是向着大地和天空敞开的；城市是物质的，乡村是自然的。作家在书写城市和乡村的时候其实并不会始终如一地秉承这样的文化理念，一成不变地去写凝固了的城市和乡村。其实观察、体验和书写始终是在变化之中的，这也是我们在阅读当代的作家作品，包括一些诗人的诗作能够感受到的。这种变动不居不仅体现了作家把握生活的能力，而且也是文学与生活相呼应的例证。在当代作家作品中也可看出这一点。如果说现代性是我们追求的目标，我们就不可能回到自给自足的小农经济。城市化、工业化是现代化的基本表征，我们置身于加速城市化的历史进程之中。在传统文学中,乡村是"世外桃源",作家是把乡村作为一种理想的乌托邦来书写的。今天,作家们再去写乡村的时候,会写到征地、拆迁、留守、污染等这样的一些社会问题。正因为有这样的现实性的表达,有一些现实感的强化,我们对于生活的理解才会丰富多元,并且是立体化的。随着城市化的发展,作家们的作品往往带着对城市文明的反思,既写到了城市发展带来的种种变化,也写到了对乡土文明的眷恋,以及城市化进程中出现的种种问题。

处在不断加速的城市化进程之中,作家和知识分子对历史进程的书写往往是带着问题意识的。所以很多作品也有对城市文化和城市文明的反思,不仅仅是正面书写城市带来的科技进步、生活便利以及在城市文化交流中获得的生命境界的提升和个人成就感;我们还可以看到很多的问题,包括对乡土文明的眷恋。物质主义至上确实带来了很多的问题,过度追求效率就很难兼顾到社会公平,所以很多社会学者也对这些问题有相应的反思,这就是近40多年来改革开放、社会转型带给我们所要思考的问题。

比如20世纪80年代中期,我们会去思考文化寻根这样的主题。到20世纪90年代会有人文精神大讨论。在20世纪80年代到90年代社会转型的过程中,虽然整体社会从理想主义向世俗主义过渡了,但是作家们还是要站在道德理想主义的高度追问人文精神失落带来的严重后果。到了21世纪的第一个10年,部分作家开始把目光投向社会公平,关注社会底层人民的生活,体现了作家们人文情怀和对社会发展的思考:人究竟为什么活着,我们去追求社会进步和发展的目的和意义究竟何在。

底层写作和新左翼文学关注打工群体和农村、农民、农业的问题,作家在自己的创作中反复书写矿工、城市建筑工地上的工人、留守儿童及老人，也包括从事不良职业的女性。他们的底层处境成为作家关注的焦点。这构成了我们对城市生活和城市化进程相对全面的理解，这里面显然包含着对物质主义至上的批判，或者说对高速发展的反思，同时也体现了作家及知识分子的启蒙立场。

在公共话语空间里作家们希望能够给人文精神留下更坚实的土壤和更自由的空间。从城市文学发展的角度来看，我们不仅从小说作品中感受到了这个城市的人文景观，也感受到了一座城市特有的生活节奏和生活气息。热爱文学、喜欢文学作品的朋友们都会有所了解，比如叶兆言笔下的南京，池莉笔下的武汉，慕容雪村的成都，冯骥才的天津，陆文夫、范小青的苏州，等等。在文学阅读中我们还会感受到作家带给我们的城市生活的情感空间、心理空间和精神空间。每天生活在城市里，上班、下班，有的人是工作在 CBD 的精英白领，也有一些是街边的流浪汉，不同的社会阶层、不同的生活方式构成了城市生活的整体，这个整体承载着真实而复杂的生活体验和感受。而作家们是把这种复杂的、多元的生活体验和感受以文字的方式呈现出来。我们为之感动，但同时应该有更多的思索和相应的追问。

前一段时间我读了台湾的一位"80 后"作家林秀赫写的一篇小说《五福女孩》。这个小说描写了五福路上的一个小女孩从出生到成长、读书、求学、恋爱的过程。其实她一直渴望走出五福路，走出这个狭小的、封闭的空间，走向那个更广阔的世界，去看看外面的世界。可是阴差阳错，她从小学到中学、到大学一直没有离开这个路。人生就像莫比乌斯环，从一个点出发一直向前走，终究还会回到那个点。小说就是通过这个女孩成长的过程、她的心路历程，思考一个人成长履历中的记忆对于她的生命有什么样的意义；或者说我们每个人都面临这样的困境，如何去突破这种困境。小说中有好多细节，比如下雨的时候雨滴从天空落下来的过程；还有她每天走在五福路上，这条路上每一家店铺她都熟悉，每一个路口应该怎样拐弯，有多少个红绿灯，饺子馆、包子铺都有什么样的气味，她都非常了解、非常熟悉。就在这样一个很短的小说篇幅里容纳了一个人和一个地方，这样一些非常细腻而又丰富的生存感受和生活经验。小说作为一种隐喻，是广阔宇宙里极其细微的附着点，也是人类自身难以超越的困境。其实小说思考的是如何走出自己的世界，又如何回到自己生命的起点。

城市生活中既有柴米油盐的日常性，在作家的笔下同时也赋予了它一定的隐喻性和象征性。也就是说作家无论是从存在主义角度对人的生存进行哲学的反思，还是以魔幻现实主义的笔法去为我们呈现人的生存的荒诞性，只要作家的作品能够感动我们，感染我们，引起我们的思考，那么作家就有一种人文情怀和对待现实的责任感和使命感。这是作家书写的一个起点，能够写好时代和生活的起点。

新世纪文学中的城市形象

举三个城市作为例子。北京、上海、深圳，都是我们熟悉的，北京作为政治和文化中心，上海作为经济和金融中心，深圳是一座年轻的、充满活力的城市，在当代城市发展历程中都特别具有代表性。城市文学发展到现在，其实比起百年乡土写作的传统来说，没有那么的强大。随着城市化进程的加快和加深，城市文学受到的关注度也越来越高。

书写北京城，现代以来也有我们熟悉的作家，比如老舍。从《四世同堂》到后来的话剧《茶馆》，到未完成的长篇小说《正红旗下》，他为我们带来了北京四合院里的大家族和普通人的悲欢离合，以及大时代的跌宕起伏。他用纯正的京腔京韵，带着含泪的幽默来讲述北京四合院里的日常生活。新中国成立以后，第二代京味市民小说的传人是邓友梅，他的代表作有《那五》《烟壶》等。从他的作品中我们更多地看到了市井生活。比起老舍为我们提供的家族文化、传统文化以及大历史的宏观背景，邓友梅的书写让我们看到的更接近日常，也有传统文化和民间文化的交融。同时期写北京的还包括刘心武、陈建功等人。刘心武的《王府井万花筒》《公共汽车咏唱调》《钟鼓楼》，这些作品让我们看到了北京城进入新的历史发展阶段的新气象、新变化。之后就是我们更熟悉的王朔，王朔的小说也是京味的，但是和老舍笔下的四合院文化不一样，他是大院子弟。他用解构的方式，用话语狂欢的方式塑造了一群顽主的形象。其实他早期的作品比较纯情，比如《一半是火焰，一半是海水》《空中小姐》《过把瘾就死》《玩的就是心跳》。这些作品不仅是一种文学创作，而且给我们带来一种价值观的冲击。反文化、反精英的后现代主义的解构倾向，成为一些年轻人追捧的热潮。王朔因此成为当代文学和文化发展历程中的重要人物，或者说当我们去谈当代文学发展和当代文化发展过程的时候，王朔现象是绕不过去的。王朔这些小说中的主人公基本上都是游荡在大街小巷，没有什么正事。其实在世界文学史上也有类似的传统。包括俄罗斯文学中也有一些"多余人"这种形象，他们在从一个旧的时代向一个新的时代过渡的过程中，有疏离、茫然和不适应，既留恋过去的时代，又对新的时代充满好奇，所以他们游离在时代核心之外，以破坏和解构的文化姿态来树立自己的形象。王朔的京味小说给我们最直观的印象就是调侃：调侃政治、调侃爱情、调侃知识分子。在他这里一切都是可以被破坏的。这也可以看作城市文学的一种类型。

我们今天要聊的这六位作家其实年龄差距很大，其中像叶广芩老师 1948 年出生，是一位"40 后"作家；而徐则臣是 1978 年出生，是一位"70 后"作家；后面邓一光老师、金宇澄、王安忆是"50 后"作家；蔡东是"80 后"作家。从所选的几位作家的创作中我们约略能够看到当代作家眼中的城市形象。

徐则臣的出生地是江苏，他在北大读书，在北京生活了很多年。他的小说有基于故乡叙事的"花街"系列，还有比较吸引年轻读者关注的"京漂"系列，包括《跑步穿过中关村》《伪证制造者》《居延》《轮子是圆的》《如果大雪封门》等。在这些作品中，徐则臣主要体现的，或者说他为我们带来的是一群生活在北京城的、相对不是那么成功的年轻人——倒卖票的、造假证的等，他们的生活状态、情感状态，以及大时代在小人物身上的投影。

徐则臣获得鲁迅文学奖的作品是《如果大雪封门》。这篇小说讲的是几个年轻人生活在北京，在大都市里追逐自己的梦想，寻找人生的价值。徐则臣说："写作本身就是在建构我个人意义上的乌托邦。"《如果大雪封门》通过对几个年轻人的生存状态的描写，展现了许多社会问题：外来的年轻人如何在这座城市扎根？来自南方的林慧聪这样的年轻人怀着梦想而来，保有纯洁的人生态度和生活理想，却不断遭受挫折。小说中的大雪封门寄寓了一个理想世界，天空中飞过的鸽子代表自由。林慧聪是南方孩子，特别想看看大雪封门是什么样，而大雪在小说中显然是有象征意味的，它代表一种纯洁的生活态度和生活理想，而鸽子在天空中飞翔代表着我们对自由的渴望。我们在追寻理想的路上不断地遇到挫折，生活不仅有眼前的苟且还有诗和远方，虽然我们这样说，但是其实还有一句话是：生活不仅有眼前的苟且，还有远方的苟且。如果从一种积极的、乐观主义的角度去重新阐述这句话，那就是说我们所在的地方就是心中的远方，我们所拥有的生活就是我们所追求的诗意生活。这是一种比较乐观主义、浪漫主义的表达。徐则臣小说中的生存是惨烈的，每一个人真的都在为自己的生活倾尽全部的努力，包括后来拿着两个冻死了的鸽子去看生病的女孩，而她已经回乡等死了。类似这样的一些情节其实给了我们一定的冲击。我们看到的城市生活更多的都是像灯光秀一样，那么绚烂，那么让人惊叹，可是在灯光照不到的地方，还有一些人活得很艰难。作家们有责任写出光彩夺目的那一面，同时也有责任写出我们看不到的那一面，这是基于人道主义的关怀。

徐则臣的几部长篇小说都很经典，比如成长小说《水边书》，后来的《耶路撒冷》，设置了花街、北京、耶路撒冷三个地域空间，其思想轨迹既是回望百年，向鲁迅的《故乡》致敬，又是展现"70 后"一代人复杂的精神史。北京连接故乡和世界，是生命起点的投射，也是通往未来的道路。通过空间拓展，作者将读者带进一个更广阔的世界。花街是老家，是故乡，小说的开篇就是和鲁迅的《故乡》一样回老家去卖房子，只不过初平阳回到花街去卖的是大合堂，而鲁迅当年回乡是想要接走自己的家人，从此和老家失去了特别直接的联系。鲁迅在《故乡》里其实为我们建构了三个中国：童年记忆的乐园，海边的西瓜地，那么蓝的天空，那么英俊的少年，还有碧绿的西瓜，其实它更像人类童年时代的理想国；而现实是远处横着几个萧索的荒村；在小说的结尾，鲁迅认为宏儿、水生这一代的孩子只要努力去追求，终归会走向理想的家园。这是鲁迅在小说《故乡》里为我们建构的三个中国——过去的、现在的和未来的。在《耶路撒冷》这部小说中，其实徐则臣的思想轨迹是向鲁迅致敬的。经过了100年我们身后依然是那个广袤的家园，是那个故乡，我们放不下，也割舍不掉。而这个故乡是以什么样的形态出现？它怎样活在我们的生命和记忆里？我们携带着这个故乡的记忆走在异乡城市的街头，我们还能为故乡做什么？

最近这些年，每一年春节，朋友圈里总会有人转发"文科博士回乡过年见闻记"，很多文科博士一到春节返乡的时候就会以非虚构的方式来记录自己家乡的变化。广东的黄灯老师写过一篇叫《回馈乡村，何以可能?》，这是一个农家媳妇的思考和见闻。在这样一些文科博士的返乡见闻路上，我们看到城市中国的另一面。另外一位"70后"作家和学者梁鸿带给我们的是《中国在梁庄》《出梁庄记》。这一类的作品还有很多。

徐则臣在《耶路撒冷》中通过同样的方式，给我们带来了一个更广阔的世界。耶路撒冷是一座宗教圣城，但同时在这部小说中也是一个世界的隐喻。那么如何从花街到京城，然后再到世界去，这是一代人共同的追寻。面对全球化的发展现实，我们不可能再回到自给自足的小农经济，因为留恋故土家园就会拒绝城市化、拒绝全球化，这是不现实的。作家其实是在思考我们脚下的路和未来社会的理想形态究竟是什么样的。

徐则臣还有一部长篇小说《王城如海》，名字来自苏东坡的诗句"唯有王城最堪隐，万人如海一身藏"，小说书写精英、大学生、保姆、快递员等各个阶层眼中的"新北京"。驱霾神器、梦游症、二泉映月，各种象征物综合构成了一个整体隐喻。一个历史的拷问、一代人精神上的病态，小说以现实主义的表达达到了象征主义的高度，丰富和拓展了城市书写。小说从海归话剧导演余松坡在写剧本《京城启示录》的过程中遭遇到的一些危机和困扰写起。他写到蚁族，引起了很多年轻人的不满，深夜他家的窗户玻璃被人砸了。这引发了一系列历史性的话题，包括余松坡和自己的堂兄过去的那段恩怨，那一代人曾经的背叛与出卖，等等。小说也写到余松坡不断地梦游，通过梦游病症的发作来隐喻这一代人精神上的、心理上的一些病态。人们对《王城如海》有不同的评价和不同的解读。我们更多地把它理解为一种隐喻，在浓重的雾霾之下，未来的方向究竟是什么样的。

徐则臣的最新一篇小说是《北上》，写大运河文化，通过两个时代运河两岸的风土人情和历史变迁，书写了大运河的精神图谱和民族的旧邦新命，这是徐则臣对人与家国、历史与现实、中国与世界的思考。

叶广芩是一位老作家，写了很多京味小说，比如《采桑子》系列，还有《状元媒》《豆汁记》等一些大家比较熟悉的作品。张陵对叶广芩的评价是："叶广芩的作品在京味文学的某一方面已经做到了极致，这是不能模仿的。但是青年作家应该将'京味'创作放在更广阔的空间，写出不断发展与前进中的北京味道，写出新北京人与北京土著融合交织构成的北京新生态。"可能在徐则臣、邱华栋、石一枫等作家笔下，外来者和北京土著交融的内容会更多，而叶广芩的书写重心更多的是在"遗老"的生活。

《豆汁记》是写曾经伺候太妃的莫姜，后来从宫里出来被四爷捡回家，再后来成为四爷家的厨师。这个小说其实最耐我们寻味的是那些关于做菜的细节，可能家庭主妇、美食家、吃货们更关注这些细节。这是属于一座城市的味道，是城市文化、城市记忆最容易捕捉和感受的表征。其实说到做菜，像周作人、梁实秋、汪曾祺等好多作家喜欢通过饮食文化去呈现一个地方的灵魂，无论是故乡还是他乡。

北京城是一座有着千年文明积淀的古城，有王者的气象，有雍容典雅的大度，同时也有乡土文明的底色，所以它的文化其实是多元的，更接近中国传统文化。相比较而言，上海是更现代的、国际化的、更接近西方的、更时尚的大都会。上海作家带给我们的上海印象，包括说话的方式，和京腔京韵截然不同。海派文学同样有很长的发展历程，我们相对熟悉的鸳鸯蝴蝶派的小说，张恨水、周瘦鹃、徐枕亚等人的作品，这是海派市民小说的滥觞阶段。张恨水的《啼笑因缘》《金粉世家》改编成了电视剧，受众面更广，接受度也更高。

到了20世纪30年代新感觉派兴起，穆时英、刘呐鸥、施蛰存等作家带给我们的是旧上海30年代的声光交织的城市形象，咖啡馆、跑马场、酒馆、霓虹灯、舞厅、百乐门这样典型都市文化空间，以及具有标识性的人文景观和生活方式。同时期写上海的还有左翼作家，比如茅盾的《子夜》，他们以理性的剖析眼光为我们呈现了30年代大上海波诡云谲的时代风云。无论是左翼作家笔下的上海，还是海派作家、新感觉派作家笔下的上海，其实都是上海的一个侧面，我们会通过不同作家带给我们的上海形象，得出一个整体性来。

20世纪40年代上海文学影响更大，有我们更熟悉的张爱玲、苏青、无名氏等作家，他们把关注的目光转向了普通的市民阶层。在张爱玲小说中我们看到的更多地是饮食男女，她通过精微的笔法和卓越的艺术表现力，带给我们对于市民生活的更入心入骨的感受。那是美学上的艳异的跌落，哲学意义上的生命的透彻与凉薄，以及她对于男女两性之间情感的幽微深邃的洞察。都市里兜兜转转的情感波折，藏着的是张爱玲对于人生的、生命的、情爱的独特理解。

真正意义上的市民文学，新中国成立以后就相对被遮蔽了，《上海的早晨》写资本家的生活，和新时代的到来、社会变迁，以及由外而内的改造，这是一个政治话语主导下的城市形象塑造。而来自民间的，从生活、生命的角度去和这个城市息息相通、心灵互动的东西就少了。直到 20 世纪 80 年代中后期，市民文学又重新成为作家们关注的一个写作热点。

承继了张爱玲衣钵的当代作家是王安忆。关于王安忆小说，我们更熟悉的是她获得茅盾文学奖的《长恨歌》。小说通过王琦瑶的一生来记录上海这座城市的跌宕起伏、历史变迁；一个人也就是一座城市的缩影。近年来，王安忆的长篇小说还有《天香》《启蒙时代》《匿名》等。

她的中篇小说《众声喧哗》其实就写了三个人：欧伯伯和一个年轻的保安，还有一个从北方来到上海打工、卖服装的年轻女性柳叶。每个人都代表了一种文化和一种生活。欧伯伯是从历史的烟云处走来的，经历了人世间那么多的沧桑之后，淡定的他很少讲话，每天数纽扣，充满了禅机；而那个保安长得还蛮英俊的，因为稍微有点口吃而很难进入主流社会，拥有更好的职业；柳叶是快言快语的北方女子。三个人构成了大上海众声喧哗里的一个很小的场景。其实这个"喧哗"一方面是说这座城市非常热闹，另一方面也是说在这个城市中生活着的人内心都有一个自己的世界，他们表面上可能是静默的，可能是寡言少语的，但是在内心同样有着喧嚣躁动的起起伏伏。

当代作家中书写上海城市生活的还有陈丹燕和唐颖等。陈丹燕写过"上海三部曲"：《上海的红颜遗事》《上海的风花雪月》《上海的金枝玉叶》。唐颖写过《初夜》等，这些长篇小说或是从父与子两代人不同的命运，或是从母与女两代人对于生活和爱情的理解和追问，为我们呈现了不同历史时期大上海的风风雨雨，日常性里隐含着的丰富性和超越性。作家的出发点不同，每个人的审美表现形式不一样，我们的阅读感受也会有差别。

金宇澄是凭借《繁花》获得茅盾文学奖的。这部长篇小说也是对上海市民社会特别细腻、特别有耐心的表现和讲述。对于《繁花》的评价好几位学者、评论家给出了自己的结论。雷达认为它是最好的上海小说之一和最好的城市小说之一。李敬泽说："我过去讲《红楼梦》，说《红楼梦》的了不得之处在于它能够无限地'实'，但又能够无限地'虚'，这是《红楼梦》的最高成就。也就是说它能够无中生有，有中生无，达到一个空的最高境界。现代以后的中国小说得到《红楼梦》真正精髓的其实不是很多，应该说金宇澄做到了。"程永新评价《繁花》是2012年中国文学天空划过的一道闪电，它建立了一座与南方有关、与城市有关的人情世态的博物馆。我们如果对文学非常忠诚，并且有着良好的鉴赏能力，就应该承认《繁花》是一部杰出的、优秀的作品。评论家吴亮说："我看《繁花》是陷进去了，我会从中间任何地方读，我可以倒过来读，我可以把一段看三遍。我知道我碰到了一件非常惊人的作品。"

北京城也好，上海也好，城市发展得很快，可能过一段时间不去，你会发现很多标牌换了，曾经熟悉的街路也有了变化。但是城市在飞速向前的同时，还有一些东西是凝固不动的，还有很多东西其实是恒定不变的，我们如何在这个变与不变之中更好地去理解、去认识一座城市？文学是一个捷径。当然作家并不一定在这个文学创作中以写实的方式，描述这个城市到底是怎么样的，不会把小说写成一个旅游指南、生活指南或者情感指南，但是我们会从中对城市文化和城市生活有更深刻的理解与更深刻的认知。

新的城市或许缺少历史文化的积淀，缺少时光的力量，缺少岁月的磨砺和沧桑，但是在新的城市当中，我们会感受到更多的与千年文明积淀的城市不同的气息。它没有那么多的怀旧与乡愁，而是更看重当下，着眼未来。这样的城市给我们更多的感受是朝向未来的希望，是一种年轻的朝气，深圳就是这样的一座城市。给人印象最深的是这座城市特别干净、特别美，秩序感强，快捷、方便、有序，文明程度也很高。我每次走在街上观察，很少看到很胖的人，都特别瘦，这可能和气候有关，更重要的应该还和生活节奏有关。这座城市的生活节奏比较快，大家基本处在比较忙碌的状态，时间感特别强。有一句流行语：我们这个时代的速度太快了，把我们的灵魂甩在了后面，我们可以适当地放缓发展的步伐，等一等我们迟到的灵魂。这是一种浪漫主义的表达。一方面我们希望社会发展进步，带来更多福利，让生活更合理、更健康；另一方面我们又希望在人文层面、在文化层面上能多一些积累。我们仍然不乏怀旧的心理，仍然渴望童年，满怀乡愁不时回望故乡的绿水青山；同时我们乐于享受现代的高科技，每天戴着耳机，看着短视频，发着微信，享受着这个时代智能化的生活，在这个共享时代里追逐梦想、追寻理想。

我们经常说起这个时代文学不断边缘化的状态，那么，在这个泛娱乐化时代，文学艺术的力量、意义和价值到底如何体现？

网络小说、短视频、段子手、AI 写作，都是对传统意义上的文学的冲击。文学在消费性社会不得不面对被异化和弱化的现实，突围的路径其实还是最基本的两个支点：人与生活，写出人的存在与灵魂，写出生活的本质与关怀。深圳文坛有老中青几代作家，在这里，我想和大家聊一聊邓一光老师和蔡东的小说创作。

邓一光是 2009 年从武汉来到深圳的，10 年间他用笔墨为我们写下了这座城市的呼吸、律动、喜悦和疼痛。他写这个城市进步与发展的那一面，也写这个城市底层的、打工的、挣扎在生存困境中的普通人的遭遇。很多作品都让我非常感动。他有三本小说集，有两本都是以深圳命名的：《深圳蓝》《深圳在北纬 22°27′～22°52′》。在三部小说集里他不仅仅写打工阶层，不仅仅写他们艰辛的、痛苦的、匮乏的生活，也写他们的善良、坚韧、追求。他笔下的年轻人怀着理想，工作时在流水线上不停地劳动，在工作之余他们也有自己的娱乐和追求。在邓一光的小说中出现了很多深圳标志性的地方，包括罗湖、仙湖、关里关外、市民中心、红树林、梧桐山、莲花山等。我们几乎可以把他的小说连缀起来，连成一部他在深圳生活的认知史，连成一幅深圳地图。他不是刻意地把故事放置在这些空间里，而是在这样特定的时空中去把握深圳这座城市的脉搏。《在龙华跳舞的两个原则》《你可以让百合生长》《宝贝我们去北大》《万象城不知道钱的命运》等作品，既写出了深圳的城市气息，写出了它明亮的、朝气蓬勃的那一面；也写出了打工者艰辛困苦的现实处境，包括心理和精神层面的各种困境。他在自己的小说中关注普通人的生活，关注底层人的处境，与 21 世纪以来的新左翼文学思潮有着同步向前的节奏。其实新左翼文学比较有代表性的作家也在深圳，比如曹征路，他的中篇小说《那儿》引起了关于底层写作的论争，是一个标志性的作品，后来还有一个长篇小说《问苍茫》，写工人的处境以及他们的抗争。这些作品都是通过城市底层的普通人生活，让我们去了解这座城市的另外一面。

还有一位作家是年轻的蔡东——"80 后"作家蔡东。她更多地是从知识分子的视角观察城市，记录自己的城市体验。蔡东以中短篇小说创作为主，最近这些年来她的好多短篇小说都引起人们普遍的关注，包括《朋霍费尔从五楼纵身一跃》、《天元》、《照夜白》和《伶仃》。这些小说，大体上都写的是知识分子，或者是患了阿尔茨海默病的哲学教授，或者是大学老师和电台播音员对滔滔不绝的厌倦——他们在课堂上一言不发，抑或是拒绝狼文化、渴望慢生活的海归精英，以及婚姻失败从逃避到面对的沧桑中年。无论是哪一种心理或是生理上的疾病，在蔡东的笔下都有一个自救与救赎的努力方向和过程。大学教授们的精神困境隐喻的其实是整个时代很多人面临的共同精神危机。李德南评价蔡东的写作："蔡东作为一个作家，有她的独特之处。面对喧嚣的种种，她亦能沉下心来，有沉思的能力和耐力，能思及问题的根本。她的写作能力体现在她面对日常题材时总是能再进一步，再深一层。蔡东还懂得运用智性和诗性的力量，借此减轻现实的重量，摆脱现实的限制，让人物身上那些黏稠的泥淖逐渐风干，一一脱落。蔡东试图解开都市人生的心结，她像一个心灵的开锁人，带领我们去释放自我，找到光，找回自我。"

其实还有很多作家生活在深圳，如杨争光老师，还有陈再见、曾楚桥等，他们活跃在中国当代文坛，带给我们他们眼中的深圳印象和深圳形象，他们通过写作既反映了这座城市年轻的、朝气蓬勃的一面，同时他们也能够不断地探寻我们今天所面对的复杂的时代性和现实性。他们的城市叙事的基调是人与社会的关怀。

我心目中的城市生活

　　我们现在面对的城市生活其实差异非常大。在长三角、珠三角的大都市，房价是一个非常直观的要素。到了哪个城市都先问一下房价，房价显示了这个城市的收入和消费水平。除了发达的大都市以外，还有欠发达的西部中小城市。作家们有的写大都市，有的写中小城市，还有一些作家专门写小县城的生活。

　　当代中国正在城市化的进程之中，与发达国家相比，中国城市化的程度还不高。近10年来，城市人口超越了乡村人口，但并不意味着中国真正进入了现代城市化发展的阶段。因为文化的底色依然是乡土的，很多人在城市中生活，依然满怀乡愁，甚至常常盼望回乡种田，或者隐居山林，摆脱刻板的生活枷锁。无论怎样，大多数人是生活在城市中了。我们每天在城市中，感受它的日常性，也在寻找超越性。作为日常生活空间，城市提供给我们更多的便利，我们享受着城市文明，不再适应乡村生活。同时城市还带给我们更多精神上、文化上追求的可能性，比如博物馆、展览馆、科技馆、美术馆、音乐厅、茶馆、咖啡馆等，这些文化空间提供的是一种生活方式、审美感受和审美体验，是一种文化的成就感。

　　城市不是乌托邦，也不是"恶托邦"。时代的裂变、人心的裂变、价值观的裂变是我们每天面对的生活。新人类与旧世界、大时代与微生活、不断被消费性挤占的公共空间、群体的道德考验与个体的精神隐疾、全球化与地域性……无论从知识结构，还是从文化心理层面，作家写下的这些东西都将成为历史的见证。动画电影《千与千寻》给我们最大的警示就是不要因为贪婪而变成猪。这个影片有一个核心就是自救和救人。影片的结尾，千寻去问白龙："我要一直走吗？"白龙回答说："是的，别回头。"千寻问他："那我们还会再相遇吗？"白龙回答说："会的。"人类一直走在自我寻找和寻找理想的路上，希望在这条路上，我们能够遇见更好的自己，我们能够和更好的时代、更好的彼此再次相遇。

放飞你的想象力

朱 奎

朱 奎

　　童话作家，中国作协会员，收藏家。曾在黑龙江建设兵团任农工，1976年后历任《北方文学》编辑、河北少年儿童出版社编辑室主任、《儿童大世界》《大童话家》杂志主编、花山文艺出版社编辑。

　　创造力来自哪里？来自想象力，来自幻想。

　　幻想和想象力有什么区别？在大范畴下，没有区别，想象力就是幻想，幻想就是想象力。同时我们由于幻想和想象力的丰富而成为真实的存在，我们创造了这个，创造了那个，这就是创造力。

其实，我们每一个人，从没有出生起，就是一个想象和幻想。试想，我们每一位的母亲或者父亲，都曾经想象或者幻想成为母亲或者父亲，然后因为想象和幻想男女之爱成就了创造力，由此创造了我们。

我们常常听某位母亲或者父亲说："我的孩子是我最好的作品。"这就是创造力的伟大！因为有我们，我们的母亲骄傲；因为有我们，我们的父亲自豪！而我们每一个人，都源自人类的自然创造力！

由此得出结论，我们人类，来自幻想、来自想象力、来自创造力！引申开来，我们人类、我们的地球、我们的大自然，从最初的孕育，到宇宙大爆炸，是我们人类的幻想和想象力。确切地说，我们人类，大自然之万物，以及浩瀚之宇宙，何尝不是造物主的幻想和想象力？世间万物，都是造物主的创造，可见造物主之幻想、想象力之丰富。

我们常说"心有多大，世界就有多大"，面对幻想和想象力，面对创造力如此强大的造物主，人类说"我们丰富的幻想和想象力，使我们也可以成为造物主"，也因此，我们人类创造了今天的幸福。当然，我们每个人的先天条件不同、基本素质不同，幻想和想象力的丰富程度不同，不可能都是发明家、造物主。但是我们有一点是相同的，那就是：我们都在按照自己的幻想和想象力创造自己的生活，成为自己的、独特的、有别于任何生命个体的造物主。

我们成年人都认为童话是孩子们的，其实成年人也需要童话，真正的好的童话一定是老少皆宜的。

很多家长，还有教师经常来提问："为什么我喜欢看的书，孩子不喜欢看？"

而且有的老师问我："为什么孩子们喜欢读的书，我不喜欢读？"

其实非常简单，如果你给孩子读的书孩子不喜欢，这个作品肯定不是经典，因为孩子没有跟这个作品产生共鸣、产生交流，孩子读不进去，所以不喜欢读。还有一点，为什么有的孩子喜欢读的，你不喜欢读？一样的道理，因为它不是经典。什么是经典？经典一定是老少皆宜的。我们举一些很简单的例子：《小王子》《小熊维尼》《安徒生童话》，等等，都是老少皆宜的。

我特意说一下《小王子》。《小王子》从严格意义上说很多孩子是读不懂的，因为《小王子》的含义深刻，但是有的孩子能够理解，因为孩子的理解力是不一样的。但是《小熊维尼》孩子们都喜欢看，因为孩子和小熊维尼产生了共振，孩子觉得自己和小熊维尼是朋友。大人也喜欢读，因为大人能够重温儿童时候的天真和愉悦。

我想我们成年人在面对婴儿的时候，每个人的心情都是愉悦的。我们看着这个孩子，一看就特别高兴，然后不管他做出的哪一个动作都觉得特别可笑，特别好玩，我们会跟他在一块哈哈大笑，这是非常正常的。这是什么概念呢？我们稍微说得远一点，道家追求的最高境界是一种婴儿态，我们儿童文学所追求的最高境界同样是这种婴儿态。儿童文学一定是老少皆宜，一定是经典。

两个童话故事

我给大家讲一个童话里的故事，这个童话故事是我的约克先生系列中的一个小故事。约克先生是一只猪，一只非常可爱、非常憨傻的猪，这只猪生活在一个农庄里，农庄里有马、有山羊、有狗、有鸡、有鹅，还有一窝麻雀，然后他们之间发生了一个又一个的故事，这是其中的一个。

一只小麻雀，麻雀喳喳从井台上飞过，往井里一看吓坏了，赶紧飞到妈妈跟前说："妈妈，妈妈，不好了，有一只小麻雀掉到井里了！"

老麻雀一听，不是先去看，而是说："集合，集合！"四只小喳喳排好了，她就说："报数！"结果四只全在。然后她说："不是说有一只掉井里了？再报一遍！"这四只一报数还是四只。

老喳喳跟第一只小麻雀说："孩子，你撒谎，因为妈妈只有你们这四个孩子。"小喳喳说："妈妈，难道因为他掉到井里，他就不是你的孩子了吗？"另外一只小喳喳说："妈妈，你想一想，只有你会生孩子，难道井里那只小喳喳是我们生的吗？"

老喳喳说："那这样，你们在这儿待好，我去看一看是不是真的有一只小麻雀掉到井里了？"老喳喳飞上井台，匆匆忙忙地飞回来，跟第一只小喳喳说："孩子，对不起，妈妈向你认个错，你没有撒谎，但是我告诉你，你看错了，不是一只小喳喳掉井里了，是一只跟你妈妈一样的老喳喳掉井里了。"

小喳喳们一听哭了，老喳喳说："你们哭什么？"小喳喳们回答："我们当然要哭，因为我们的妈妈掉井里了。"

老喳喳说："你们的妈妈就在这儿跟你们说话呢，怎么说你们的妈妈掉井里了？"

小喳喳说："妈妈，我们肯定还有一个妈妈。"另外一只小喳喳说："妈妈，难道因为它掉到井里就不是我们的妈妈了吗？"

老喳喳说："那怎么办呢？"小喳喳说："我们一定要救我们的妈妈。"老喳喳拗不过，说："我们去看看如何来救。"然后找谁呢？想了想，有狗、有鹅、有鸡、有麻雀、有猪。谁的水性最好呢？那自然而然就找到了索普夫妇。

索普夫妇是一对鹅。

麻雀喳喳就跑到索普夫妇那儿，索普夫妇正在睡觉，喳喳叫道："索普太太醒醒、醒醒，有一只麻雀掉井里了。"索普太太醒了，问："怎么回事？"喳喳说："有一只麻雀掉井里了。"索普太太说："一只麻雀掉井里了，跟我有什么关系？我们高贵的鹅怎么能去救麻雀呢？这肯定不可能啊！"然后索普太太就说："这样，我可以去看看是不是真的有一只麻雀掉井里了，但是让我救是不可能的。"她跟索普先生说："你在这儿待好了，我去井上看一看是不是真的有一只麻雀掉进井里了，你别动。"然后她匆匆忙忙跑上井台，一看也是撒开鹅步就往回跑，说："我亲爱的丈夫你在哪儿？我亲爱的丈夫你在哪儿？"她为什么找她的丈夫，因为她把脑袋伸进去一看，一只鹅掉到井里了，她自己又没掉到井里，那一定是自己的丈夫掉进去了。她找到丈夫后说："赶紧走，赶紧走，我们离这儿越远越好，别回头我们都掉进去！"索普先生心肠还好一点，说："我们不能见死不救啊！"索普太太说："又不是你掉进去，又不是我掉进去，其他的鹅跟我们有什么关系呢？"

后来我们的老马皮尼先生来了。老马皮尼先生是一个退休的老马，听说鸡掉里面了，鹅掉进去了，狗也掉进去了，这个问题太严重了，他要去看看。

老马皮尼走上井台，脑袋往井里一伸，扭脸就往回跑，迎面碰上小狗汪汪叫，他就问："尊敬的汪汪叫先生，我可以问一个问题吗？"小狗汪汪叫就说："尊敬的皮尼先生，你当然可以问了！"他说："汪汪叫先生，我想问一下我的脑袋是不是还长在我的脖子上。"小狗汪汪叫不理解，说："皮尼先生你怎么问这么奇怪的问题？我看你的脑袋就长在脖子上！"

老马皮尼先生说："你说错了，我明明看见我的脑袋掉井里了，怎么可能还长在脖子上？"

小狗汪汪叫说："我的狗眼就告诉我你的脑袋就是长在你的脖子上。"

然后老马皮尼先生就用自己的马嘴咬自己的马腿，把自己咬疼了，疼得啊啊大叫："哦，我明白了，好像我的脑袋是长在脖子上，因为我的马嘴把我的马腿咬疼了。"

大家肯定觉得老马皮尼先生傻得太可爱了，确实是傻得非常非常可爱。

这个时候我们的主人公约克先生来了，约克先生到井上往里一看，说："你们全说错了，你们谁都没掉进去，井里明明掉进去了一只猪。"

动物们说："约克先生是你错了，因为你太沉，掉到井里，把它们都砸到水里去了，所以你只看见了一只猪。"约克先生想："我很胖很沉，我掉下去肯定把它们都砸到水里了。"约克先生要救他们，于是约克先生就下去了，然后我们的约克先生就在水底下摸呀摸，能摸着吗？肯定摸不着，因为本来就没有。

可是我们约克先生不这想。水面上什么动物也没有，约克先生想他真的把他们都砸到水里面去了。可是水里面什么也没有，约克先生难过得哭了。约克先生想："我不但把他们都砸到水里了，还把他们都砸没了呀！"所以约克先生哭了。

到后来主人和主人的儿子下井把约克先生从水里救上来，这时约克先生还不明白怎么回事。到晚上的时候老马皮尼在水桶里饮水发现了自己的头影，他突然明白原来是倒影，然后匆匆忙忙跑回去告诉约克先生："约克先生,我弄明白了,不是我们自己掉进去了,是我们的影子掉进去了!"然后小狗汪汪叫也发现了。这个故事就结束了。

大家听着是一种什么感受呢?我想没有人大笑,但会微微笑,你会感到非常有意思。我想读这样的童话对你们来说会轻松愉快,是一种放松,你们会觉得非常有意思。当然这与想象力肯定是相关的。

再给大家讲一个故事,这个是与想象力有关的故事。这是《非常了不起的吹吹历险记》中的一个小故事。

吹吹正走在一片荒原上,突然不知道从哪儿冒出来一群野人,天天追兔子、野猪的这帮野人来追他,吹吹就玩命跑。他怎么跑得过野人?吹吹突然想起来,他离开上一个城堡的时候别人送了他一把手枪,有枪了,对付这些人当然就简单了。吹吹这时候把枪拔出来,一看突然想哭,为什么?因为没有子弹,没有子弹这手枪什么用处都没有。

可是这些人马上就要追上了,怎么办?吹吹有办法。他爱吃糖,出门的时候从家里面带了一袋糖球。他就想能不能拿糖球当子弹。然后吹吹把第一个糖球压进弹膛,砰的一枪,这一枪打得太准了,所有的人不但不再追他了,而且要求他继续射击,为什么?这一枪打到哪儿了?打到嘴里了。第一因为这是一帮野人,没有见过枪,不知道枪是何物;第二因为他们从来没有吃过糖,没想到子弹这么好吃,然后就要求吹吹继续向他们射击。

然后我们的吹吹从来没有这么准确过,第二枪、第三枪、第四枪,枪枪都射进他们嘴里。吹吹的糖球也射得差不多了,突然心生悲哀——因为糖球快没了,因为马上又要被他们追了。吹吹只有一颗糖球了,他就跟首领说:"我不能再向你们射击了,我只有一颗糖球了。"野人们说不管有没有，吹吹必须得向他们射击，因为他们还没吃饱呢！他们从来没有吃过这么好吃的枪子啊！故事结局如何呢？大家都知道枪是有后坐力的，吹吹胡乱向前射了一枪，这一枪的后坐力把他弹出了 40 里之外，谁也追不上他了。这还不是最精彩的，关键在后面：枪的后坐力把吹吹弹出 40 里地之外，那这颗子弹糖球的弹射力会有多大？这些野人因为糖球射出去了都去追，他们之中有的人老死了，有的人累死了——就在追糖球过程中累死了，剩下的人还在追那颗糖球，故事到此结束了。

爱因斯坦说：想象力比知识更重要。西班牙画家戈雅说：与智慧结合的幻想是艺术之母和奇迹之源。刻在美国肯尼迪宇航中心大门上的话是：只要我们能梦想的，我们就能够实现。美国哲学家查尔斯说：想入非非是通向科学探索必需的和首要的步骤。

如何做一个好的儿童文学作家

为什么说儿童文学作家是整个作家队伍当中一个特殊的卓越的群体？因为在作家群体中堪称儿童文学作家的人不多。成人文学的作品，古今中外，经典无数，我们可以列出很多很多，但是儿童文学和成人文学相比较，经典凤毛麟角。世界古典文学名著一大堆，但是儿童文学的经典非常少，我们现在能够叫出名的、能够点出来的就是《小王子》《小熊维尼》《洋葱头历险记》《安徒生童话》《骑鹅旅行记》《敏豪森奇游历险记》，等等，格林童话是一个例外，因为格林童话很多来自民间故事。

成人文学的巨匠我们能说出一大堆，真正的儿童文学作家我们能点出耳熟能详的《小王子》的作者圣－埃克苏佩里、《小熊维尼》的作者米尔恩、《安徒生童话》的安徒生、《洋葱头历险记》的罗大里、《小飞人三部曲》的林格伦，等等。因为可列举的实在不多。

从人类发展史来看，从有文学开始，人们不注重儿童，少有作家书写儿童文学，但随着人类文明的发展，儿童成长日益重要，于是，文学派生出了儿童文学。但是由于真正意义上从事儿童文学写作的作家不多，因此，儿童文学理论有待于进一步探讨和研究。严格意义上的儿童文学的书写难度让成人文学作家望而生畏，因为儿童文学的书写者必须具有童心，具有可以和儿童沟通的能力，还要有儿童的思维、儿童的行事逻辑、儿童的推理、儿童的想象力，这是一般人所不及，或者说一般作家所不及。

我们知道，当一个人长大了，规范了，成熟了，就失去了儿童纯真的天性，失去了他们的思维、他们的行事方法和行为准则，失去了儿童毫无拘束甚至毫无道理可言的想象力。

关注孩子们绘画的人会注意到，孩子们所描绘出的人物或世界与大画家毕加索几乎毫无二致。诸位仔细观察一下毕加索的画，再观察一下你们孩子的画，尤其是孩子越小，他们的画越接近于和毕加索的画在同等的起跑线上。我一直说这么一句话："毕加索是一个极具儿童心的人，毕加索就是一个大儿童，否则毕加索画不出这样的画。"我给孩子们讲课说："你们就是毕加索，你们的画，就是毕加索的追求。"孩子们很受鼓舞。我们从另一个方面可以推断出毕加索是一个极富童心的人，毕加索是用童心在创作，也因此，他画笔下的人物和世界，变成了儿童眼里的世界。诸位不信试一试，儿童都能读懂毕加索的画，我们成人看得稀里糊涂的，因为你不知道毕加索画的是什么，也解释不出毕加索在描述什么。

儿童文学作家真的不易，作家要能考虑到儿童的阅读能力和儿童不善于思维、思维不善于集中的特点。给孩子看的文学作品，一定是简洁、生动、传神、富有感染力的，同时，文字还要幽默有趣，吸引孩子们读下去。这就需要作家具有组织故事的能力，同时需要老道、化繁为简的文字功底，这是很多成人作家根本做不到的。一个真正的儿童文学作家，同时还要具有丰富的生活阅历，这样他才可以在写作中给孩子们展示生活的方方面面，用正能量潜移默化地影响孩子们的价值观。我们有些所谓的儿童文学作家实际上价值观还没有彻底解决，传达给孩子们的价值观和是非观是模糊的。从某种意义上说，这样的作家是没有资格给孩子们写东西的。

作为严格意义上的儿童文学作家，我们一定要纠正一种观念，那就是，我只能驾驭儿童文学这种文体。事实上，一个合格的儿童文学作家一定还可以驾驭各种文体，因为只有这样，他所创作的儿童文学作品才可以老少咸宜，炉火纯青，游刃有余，从而成为经典。

我们看一看流传下来经典儿童文学的作家，比如法国的圣 - 埃克苏佩里，他一直在从事文学创作，创作了小说《南线班机》《夜航》《战斗飞行员》等，牺牲前一年才创作出经典《小王子》。《小熊维尼》的作者同时还是英国著名的剧作家、小说家和儿童诗人，在创作《小熊维尼》之前就已经非常有名了，他的《小熊维尼》行销全世界，可是谁知道他的其他作品呢？大家只知道《小熊维尼》，也就是他的《小熊维尼》成了世界经典。罗大里是新闻记者，写了大量的新闻作品，最后才开始儿童文学创作。安徒生也是以写诗集成名，然后才开始童话创作。

一个好的儿童文学作家应该可以写小说，可以写剧本，可以写报道，可以驾驭很多的文学题材。一个成熟的儿童文学作家要意识到儿童的重要，因为他们是我们的未来，是这个世界的未来，所以说我们所赋予他们的、我们所应该给予他们的，就一定是我们人类最经典、最美好的东西。

中国书法的韵律美

阮大仁

阮大仁

学者、书法家、评论家、历史学家，毕业于台湾大学数学系，美国圣母大学数学博士、威斯康星大学企业管理硕士、斯坦福大学计算机工程硕士。书法作品常发表于台湾的《印刻杂志》。

行书可以分成两类。如果你心目中画一个坐标轴，这边 0 是楷书，那边 100 是草书，1～99 都是行书；1～50 是行楷，51～99 是行草。我们中国传统楷有楷法、草有草法、行也有行法。

行书的倡导者是王羲之。王羲之有 7 个儿子，中间有一个叫王献之，他发明了行草。唐太宗称王羲之是"书圣"，我们今天都同意他是"书圣"。我们现在说行书的第一版是《兰亭序》，这是王羲之当年的代表作。

所以有三个问题。第一个问题，为什么到现在我们写不过书圣？你想啊，任何学问都是后面的人超越前面的，他可能比我们每一个人聪明，但他不可能比1700年来的人加起来都聪明。第二个问题，为什么他们父子两人创造了两种行书体以后，就没有人创造第三种？第三个问题，为什么他们的字比我们的漂亮？简单说，今天我们写字是一个一个字地写，他们是一行一行地写，为什么？

行书为什么今不如古？这个"如"字的中文有两个意思：一个是比不上，另一个是不像。不像是个客观事实，比不上是个主观认定。我们写的字跟王羲之的不一样，跟王献之的不一样，是个客观事实，但是是不是他们的一定比我们的好？那就是个主观认定。你既然认定他是"书圣"，你不像他，你觉得不如他，但是如果你觉得你写得比他好，那就不是了，只要大家都承认就行了，"书圣"成了主观的认定。

字是人写的。他有两只眼睛，我也有两只眼睛；他有5根指头，我也有5根指头，大家一样。笔墨纸砚，他的可能跟我们的稍有不同，但大致相同。但是写字的方法是不同的，拿笔、运笔，二王跟我们不一样。有一本书，是孙晓云女士的《书法有法》，这本书在大陆是非常畅销的，内容包括二王跟我们的不同的环境、怎么拿笔、怎么运笔，等等。

我们谈谈案头书和壁间书。在明朝中叶以前，中国人写字都是小字、中字，写出来以后放在桌子上看，所以叫案头书。但明朝中叶以后，因为房子加高，开始把字挂到墙上看，就成了壁间书，这个时候就有大字出来了。二王没有写那么大的字，米南宫也没有写那么大的字，我们今天在墙上挂的对联、中堂，这种字古人没有。

我们知道近唐人跟我们坐的姿势不一样，他们是坐在地上——就像今天日本人习惯坐在地上。他们是左手拿纸，右手拿笔，3 根指头写字。我们是用 5 根指头写字。

为什么二王写字是转的，而我们现在不转？因为我们现在用 5 根指头，当你 5 根指头拿笔的时候第 4 根指头挡住它了，它转不过去了。在宋以后中国不转指了，指法就因此没落了。

行书的笔法从王羲之到米南宫是一个时期，从赵孟頫到今天是一个时期，中间有 300 年是过渡期。其间的分别在哪里？坐姿的改变。在二王的时代是坐在地上，我们现在是坐在椅子上。现在有一个词叫"内撅"，还有一个词叫"外拓"。停止指法以后，从宋到今天人们吵了约 1000 年。大部分人说内撅是让字紧缩，外拓是让字放开。其实紧缩跟放开是结果不是原因。王羲之、于右任、启功他们都是一样的，他们用内撅，用单方向，转到底的时候，拎起来从头再写，所以他们都是一个字一个字分开写的，写得比较灵巧。从二王以后，写草书的人一般都是用王献之的外拓，外拓是什么呢？很简单，把它转到底以后，不拎起来，把它转回来。因为是两个方向的转，不需要离开纸，所以可以连在一起，甚至成一笔书法。这个就回答了我刚才提的第二个问题，为什么没有第三个人创体了？你转笔要么是这样转，要么是那样转，只有两个方向，没有第三个方向，所以只有内撅和外拓，没有第三个，也因此一个是行楷，另一个是行草，没有第三种。

所以当你用手指去转笔的时候，你往里面转叫内撅，往外面转叫外拓。这个撅是大拇指的运作。沈伊默先生有一篇文章叫《执笔五指法》，他讲手指的五个动作，大拇指的动作就是撅。

王羲之是用内撅，这个内撅法汉朝就有，汉朝张芝写草书用这个方法，所以王羲之没有创造笔法。王献之创造了。《世说新语》里有一段话，王献之劝他爸爸改古法，可是王羲之拒绝了。你看《兰亭序》《散乱帖》都是对连的，偶尔有两个字连，只要笔画简单，没有转到底，写完再继续转，笔画长的就很快到底，就会断掉。再看王献之的，他左右左右，第三行是一笔。有人说这个帖是米南宫临的，最后那个"气力复何如也"，六个字一笔，左右转。

这是米南宫的一封信，四行，前面两行内撅，后面两行外拓，同一天写的，写到得意了，变成外拓了。那你看，前面两行就是我们讲要中宫收缩，是内撅；后面两行是放，是外拓。

王羲之叫"书圣"，是唐太宗定的。王羲之到唐太宗300年，但这300年到底谁是书圣呢？拿王羲之和王献之两个人比的话，在前面150年是王献之的名望超过王羲之。有两个证据，一个证据是唐朝初年有一本书叫《书断》，里面讲前面这150年王献之的声望高；另一个证据是《世说新语》里说"买王得羊，不失所望"，这个羊是羊欣，王献之的学生，不是王羲之的学生，所以你要去买王书，买王的字，买到羊欣的字，也算好的。那可以证明买王买的是王献之的不是王羲之的。到了梁武帝时，有一个文献，在评判的时候，说王羲之的行书超过王献之，王献之的草书超过王羲之，楷书都没有评判。什么意思呢？父子互有高下，把两个人拉平。又过了150年，到了唐太宗时，他把王羲之抬到书圣，把王献之压下去了。这个就定位了，定到今天。

唐太宗为什么害了大家呢？连笔，左右转，当它挡住我的时候我就回头啦，可是唐太宗把王献之挡掉以后，大家只会单向，一挡就不会走了，就死掉了。唐朝的楷书大家欧阳询、虞世南、颜真卿、柳公权写行书的时候，欧阳询是有楷法的，其他的楷书大家写行书不用楷法。颜真卿的集字文不用颜楷，他用的是东晋南朝的行书法，用颜楷去写行草是从元明清三朝开始的，颜真卿本人都不用。到了宋朝，因为坐姿改了，手指挡住了，过不去了，所以指法就变了。如果那个时候懂得王献之问题就解决了，我们也可以走来走去啊。

为什么我们 1700 年赶不过王羲之，原因是我们所学的对象都比他晚。我们现在学书法的对象，从欧阳询、虞世南、褚遂良等往下数，欧阳询比王羲之晚 200 年，褚遂良晚 300 年，颜真卿晚 400 年。什么意思？我们学书的对象都是王羲之没见过的字，我们学书的对象的字都比他晚，他没看到。所以他爬到山顶上，我们不知道怎么上去的，但我们知道我们爬的路不是他走过的路，所以我们到不了他的位置。可能路爬错了。

比如我们现在通过学赵孟頫学王羲之，赵孟頫比他晚了1000 年，你想赵孟頫也看不到王羲之的真迹啊，他只看到《兰亭序》的拓碑，凭什么说他懂王羲之。你要这样想。

还有，唐末以后已经改变坐姿了，用笔拿笔的方法也不一样了。傅山是明朝末年清朝初年人，他说"真行无过于兰亭"，什么意思？真行就是行楷，行楷的第一名是兰亭。"子昂善摸索得此意"，就是赵孟頫是懂兰亭的人。"然是楷中多行"，什么意思呢？赵孟頫是以楷书为基础续写行书，"殊不知右军是行中多楷也"，王羲之是反过来的，是以行书为基础续学楷书。赵孟頫从右边写过去，王羲之从左边写过来，赵孟頫的过程跟王羲之相反，所以写出来的字都像王羲之的，放在一起就不像了。他们两个坐姿不一样；拿笔方法不一样，一个三指，一个五指；运笔方法不一样，一个转指，一个不转。

我们中国的行书，晋、唐、宋大部分是拿来写信的，所以很短。从元开始就用来写长篇作品了，有手卷，有中堂，这个时候章法也不一样了。

为什么二王笔法在唐末年代失传？我们书法史是有传承的，比如说虞世南传给陆柬之，陆柬之传给张怀远，张怀远传给张旭，张旭传给颜真卿，颜真卿传给怀素，这是可以背出来的。就是说从二王传到唐末，我们书法至今可以找到那些大记事。怎么到了唐末就没了？唐末天下大乱，笔法失传？可是从东晋到唐没有天下大乱过吗？你如果读过《隋唐演义》，读过《安史之乱》，杀来杀去多得很。我认为关键是坐姿改变，就是从坐在地上变成坐在椅子上；还有就是从左手拿纸变成把纸放到桌上；从三指拿笔变五指拿笔。

我们有十几亿人，将来在书法上总会出一两个好手的，出不了王羲之，出个米南宫也不错，我绝不相信我们笨。古代那个时候识字人口只有5%，难出高手，现在识字人口98%，总会有高手出来嘛。做不了王羲之，做未来王羲之的老师，老师的老师的老师的老师也不错啊，他也是学来的，他也不是生下来就会的，大家要有信心。

主　　编　吴定海

副 主 编　范伟军

执行编辑　蔡燕娟　成维斌　贾珊珊　张巧睿

吴定海 / 主编

深圳市民文化大讲堂
2019年讲座精选

下册

The Selections of
Shenzhen Civil Lecture on Culture
(2019)

社会科学文献出版社
SOCIAL SCIENCES ACADEMIC PRESS (CHINA)

〖目 录〗Contents

上 册

下 册

四

传统文化

走近心学，发现中华文化之美

韩望喜

韩望喜

中国人民大学伦理学博士，香港中文大学访问学者，深圳市儒家文化研究会会长。长期从事人性与人生问题的研究，两度获国家社会科学基金。著有《善与美的人性》《心灵的和谐》等。

中国的文化不仅是中国的，也不仅是亚洲的，应该是世界的文化。如果说你的文化是具有世界价值和世界意义的，它最核心的内容是什么呢？这就特别值得我们思考。

我记得莎士比亚的剧作《哈姆雷特》里有一句话："人是宇宙的精华、万物的灵长。"中国文化也说："人是天地之精华，五行之秀气。"我们首先就要问这个问题——也是儒家常问的问题：人和禽兽的分别在哪里？孟子说，人和禽兽的分别几希。人和禽兽、君子和小人的分别很小。分别在哪里？就在这颗心，"君子存之，庶民去之"，君子存这个心，而小人失掉这个心。君子以仁存心，以礼存心。小人反之。君子存的是什么心呢？仁爱、礼敬的心。这就是人和禽兽的分别。

中国儒家文化是以心来立本位的。孟子说人有"仁义礼智"这四心。有恻隐之心就是人，没有恻隐之心就不是人，是禽兽。有羞恶之心是人，无羞恶之心就不是人，是禽兽；有恭敬之心是人，没有恭敬之心就不是人；有是非之心是人，没有是非之心就不是人。人和禽兽的差别在哪里？在心。君子和小人的差别在哪里？也是心。有礼义廉耻的心就是君子大人，没有礼义廉耻的心就是禽兽小人。人禽之辨讲得何其清楚。

儒家文化的宗师孔子讲忠恕之道。"忠"字下面有个心，"恕"字也有一个心。忠恕之道就是"己立而立人，己达而达人；己所不欲，勿施于人"。我想在世界上站立起来，我想要有尊严的幸福生活，我希望天下的人都能站立起来，过有尊严的幸福生活，我希望我自己能够立身行道，我希望天下的人都能够立身行道，这叫忠。我不喜欢别人强加给我的不好的东西，我也一定不强加给别人，这就是恕。这个恕是俯身倾听，是同理心，倾听你的感受，你哭泣的时候，我体会你为什么哭泣，我能不能给你安慰，你高兴的时候我能不能跟你分享，这个叫恕。所以，真正的心学是从孔孟开始的，是从忠恕之道开始的。孔夫子的道一以贯之，就是将心比心，以心传心，心心相印，推己及人，这是儒家的真法门。

阳明大师上承孟子，得孟子的教益非常多。那孟子呢？真是了不起的人物。你看《孟子》第一篇，孟子见梁惠王，梁惠王打了败仗，问："夫子，不远千里而来，亦将有以利吾国乎?"夫子，那么远来，有没有什么建议对我们国家有好处？孟子当头一棒就说："王！何必曰利？亦有仁义而已矣。上下交征利而国危矣。"上下都在谈利的话，国就危险了。那真正的道理在哪里？孟子说："未有仁而遗其亲者也，未有义而后其君者也。"没有一个有仁爱之心的人会遗弃自己的父母，没有一个讲道义的人会轻慢自己的君主。但凡一个有仁爱之心的人怎么忍心抛弃自己的父母呢？真正讲道义的人怎么会把国家的利益放在自己的后面呢？不会的。对父母的爱就是仁，对国家的忠就是义；对父母的爱就是孝，对国家的爱就是忠。

孟子的立论之处，是"恻隐之心，人皆有之"。但凡是人，无论是普通人还是君王，都有一颗不忍人之心。不能忍受别人受苦的这个心，其实就是一颗仁爱的心、慈悲的心。他讲了一个故事。

孟子在周游列国时，见到齐宣王。齐宣王问曰："齐桓、晋文之事可得闻乎？"意思是说，夫子啊，关于齐桓公、晋文公称霸的事情，可以讲给我听吗？孟子说：王，你搞错了，我是儒家不是法家，我讲的是王道不是霸道。以德行仁是王道，以力称霸是霸道。齐宣王说："德何如，则可以王矣？"孟子说："保民而王，莫之能御也。"王道就是呵护民众、爱护民众就能一统天下，如滔滔之水，谁能阻挡？这个"王"字，用作动词就是一统天下的意思。齐宣王说："若寡人者，可以保民乎哉？"像我这样的人，也可以吗？孟子说："可以啊！王啊，我听你的大臣胡龁讲过一个故事。""什么故事？""就是有一天，王您端坐在殿上的时候，有人牵着一头牛从殿前经过，那头牛浑身在发抖。王觉得很奇怪，说：'你要把牛牵到哪里去？'那个人说：'将以衅钟。'"就是要把它杀掉，做祭祀用。春秋战国的时候，国家有两件大事。一个是祭祀，祭祀干吗？求天保佑。另一个是军队，军事护佑。最大的两件事，其实还是保佑社稷安宁，要么天保佑，要么人保佑。祭祀是天大的事。那个祭祀的人就说："将以衅钟。"然后王说："舍之！吾不忍其觳觫，若无罪而就死地。"不要用了，牵回去吧，我不忍心看它那害怕的样子，它是无辜被杀呀。

那人说："然则废衅钟与？"王啊，我们就废除了祭祀之礼吗？这么大的事情，这个人吓了一跳。王说："非也，以羊易之。"以羊来替代这头牛吧。为什么？这就是他不忍看见这头牛颤抖、受苦。孟子拿这个讲王的仁爱之心。

孟子在这里有一句感叹的话："是心足以王矣。百姓皆以王为爱也，臣固知王之不忍也。"王啊！有这颗心就足以一统天下了！不知的以为王是吝啬，我深知王是不忍心哪！孟子从这里看出王有不忍人之心。《诗经》有一句话："他人有心，予忖度之。"他人在想问题，他人表现出痛苦、悲伤、高兴，我去想一想，我设身处地体会一下。这就是孟子的心学，是中国儒家文化最了不起的心体性体，孟子认为，这种心体性体是人人本自具足的。人皆有不忍人之心。先王有不忍人之心，斯有不忍人之政矣！如果看见别人伤悲、痛苦、号啕都不去体会的，是不会爱人的。所以有"君子远庖厨"和"见其生不忍见其死，闻其声不忍食其肉"这样的话，我觉得这两句真的感人肺腑。

其实，佛教能在中国立足，并在隋唐大盛，是因为其有与中国文化相融的东西，最大的因子就是慈悲和慈爱。这是中国文化很了不起的地方。我们看《孟子·梁惠王上》，孟子说了一句话："未有仁而遗其亲者也，未有义而后其君者也。"从来没有一个仁爱的人会遗弃他的父母，也从来没有一个重道义的人会轻慢他的君主。这就是爱。这就是仁义忠孝。我们再看一下六祖《坛经》，六祖的偈子，"恩则孝养父母，义则上下相怜"，所讲的道理是一样的，就是仁心，就是慈悲心。为什么大乘佛教能够在中国立下根，跟这句话是有关系的，"见其生不忍见其死"。我们开医院是为了什么？慈善救助是为了什么？就是见其生不忍见其死的。

孟子讲"人皆有不忍人之心"，每个人都有不忍别人受苦的心。这就是良知，每个人都有。"先王有不忍人之心，斯有不忍人之政矣。"先王有这样的不忍别人受苦的心，所以才会有这样惠民爱民的政略。仁政，就是惠民。亲亲、仁民、爱物。即使是对牲畜，也是"闻其声不忍食其肉"。就是听到它的哀鸣之声，我不忍心吃它的肉啊。这真是不得了，说明齐宣王你有不忍人之心，有这个潜质，所以你能够称王天下。有不忍人受苦的心，才会有这样的善政。

孟子仁心仁术，同时辩才无碍。"以不忍人之心，行不忍人之政。""治天下可运之掌上。"孟子说："王，一个人说他能够举起千钧，却举不起一根羽毛。王，您相信吗？"王说："不信。"孟子又说："王，一个人能看见秋毫之末，但是眼前一大车的木材都看不见，您相信吗？"王说："这怎么可能？"孟子说："王啊，一个人若是能举起千钧，却举不起一根羽毛，这是因为他不肯用力。"不是他没力，是他不肯用力，有心才有力，无心就无力。"他能看见秋毫之末，但是看不见眼前一大车的木材，这是因为不肯用明，不肯用眼睛看。"有心才会看，无心不愿看。孟子转过弯来讽喻宣王，你今天对一头牛有不忍之心，见其生不忍见其死，闻其声不忍食其肉，但你有没有看见路上多少

70 岁以上的老者匍匐在地？你的马厩里有肥马，你的厨房里有肥肉，可是有多少人饥寒交迫，冻饿而死。你这是什么意思呢？你这是不肯用恩哪！"百姓之不见保，为不用恩焉。"你不肯施恩，不肯推恩，能做的你不去做，能举的你不去举，看见那么多流离失所的人，你心里都不为所动，你都不去用心体会，那你怎么能够一统天下？孟子讲了半天，最后落到这里。孟子说："王啊，其实天下的事情就是两件，实在不能做和不愿做。"一个是做不了，另一个是不愿做。他说，我要你"挟太（泰）山以超北海"，让你胳膊夹着泰山飞过北海，那是神仙都做不了的事，这个是"非不为也，实不能也"。但我请您为老人折枝，折树枝做拐杖，这不难吧？你却说做不到。说一千道一万，讲的是有没有仁爱的心。你治国要有仁爱的心；你治家要有仁爱的心。天下只有两条路，就是仁与不仁。所以孟子说："王啊，我告诉你，不仁或许能得国，但是不仁而得天下，未之有也。"用暴力得国，或许是可能的，但是想用暴力得到天下、得到人心，我从来没有听说过这样的事情。他说："人们盼望明君，就像七八月土地干涸了，禾苗枯萎了。"农民都想着什么："天油然作云，沛然下雨，则苗浡然兴之矣。"人们对于仁君的盼望，就是云霓之望。所以孟子说："王啊，你要行仁政真的是不得了！天下读书的都会立在你的朝廷，因为你知人善任，任人唯贤；天下行商的都会在你的市场里走，因为你的赋税很轻；天下种田的都愿意种您的田；天下行旅之人都愿意走在你的大地上！您要是行仁政，百姓归附您，好像百川汇入大海，谁能抵御呢！"孟子有句话叫"仁者无敌"，仁者无敌不是你打得过人家，而是根本不需要打，是感召力，是用你这颗仁爱的心去感召人。以不忍人之心，行不忍人之政，老吾老以及人之老，幼吾幼以及人之幼，治天下可运之掌上。这就是中国文化里的心学。

孟子也非常真切地继承了孔夫子的社会理想，孔夫子怎么说的？"老者安之，朋友信之，少者怀之。"老人得到安养，朋友有信义，孩子得到关爱。"老者养之以安，朋友予之以信，少者怀之以恩"，养之以安，予之以信，怀之以恩，全是因为有这个心在才可以。

我们讲阳明心学，一定要上溯到孔孟，尤其是孟子。在某种意义上说，王学就是孟子学，如果有人讲阳明心学不能上溯到孟子，那就是学问不精，不知道学问的来历。我常说万川归海，若你只是看到海，而看不到万川，不知道一丝一缕思想的脉络和线索，那你的学问在哪里？孔孟之道是阳明大师思想的来源。

阳明大师是以心来照物

阳明大师的心胸非常宽广，他说，曾经以为"致良知"不算是全备的学问，但是历经许多变故之后，尤其是被贬龙场之后，细心思之才悟到，"致良知"是全备的、深邃的学问。如果说孔孟是以仁爱的心来立人的话，阳明大师是以澄明的心来照物。以心照物，照天下之物。他说，你的心要像明镜一般，无纤尘之染，才能够照见这个大千世界。有一次他问学生：什么是天地的心？学生答道：尝闻人是天地的心。老师追问：什么是人的心呢？你们记住大师的这句话，"人的心乃是那一点灵明"。简单一点说就是那一束光，良知就是这束光，心中之光能够照亮你和世界。

阳明大师时时刻刻都在讲以心照物，以心养身。以心照物怎么说？有一次阳明大师游南镇这个地方，游不是去玩，是带学生去学习。看见岩中花树自开自落，有人说："老师，您常说心外无物，心外无理。那你看这岩中花树自开自落，与你我的心有何相干？"阳明大师说："你没来看这花的时候，花与你的心同归于寂。当你来看这花的时候，此花的颜色一时明白起来。便知此花不在你的心外。"讲的是什么？是心物相照的道理。以你的心去观照，花才会在你的心中开放，活泼泼、明艳艳地开放。以前有人说这是唯心主义，好像你心不照物，物就不存在似的。其实阳明大师并没有说不存在，他说是处在寂静之中，当你用心去照的时候，它便在你心中生动起来，此花不在你心外。他强调的是什么？不是物质不在，而是强调你的心要去照，就是要用心。《大学》里说："心不在焉，视而不见其形，食而不知其味，听而不闻其声"，如果你的心不在这里，你的五官是没有用的，你尝味的时候你尝不到，听的时候听不到；如你的心在这里，一花一树都看得清楚，听得明白，这是中国文化特别深奥的地方。阳明大师说我告诉你们心是身体的主宰。我们每时每刻都是在观照，在跟人打照面，和物打照面，你的照不是用镜子照，是用你的心在照，你的心怎样，照出来的便怎样。你若是心里充满爱，你处处看见温暖；你心里充满恨，处处都是幽暗。我们读《中庸》有这一句，"唯天下至诚，为能尽其性；能尽其性，则能尽人之性；能尽人之性，则能尽物之性；能尽物之性，则可以赞天地之化育；可以赞天地之化育，则可以与天地参矣"。尽人之性，才能尽物之性；尽物之性，才能赞天地之化育。一切东西都要从人性出发，从人性来考量，我们的生命成长才有好的保障。心和物丝丝入扣，仁者和天地万物为一体，并没有分别心是心，物是物，而是以心来照物，以心来转物。把你的人性、人心修养好，再来照这个世界，你会发现这个世界不一样了。这就是阳明大师强调的：字字句句在心上说。

心性不一样，我们的观照不一样，选择也不一样。说的话不一样，想象的东西不一样，处理的方法也不一样。先立其大者，则其小者弗能夺也。

孟子经常谈到良知、良能、良贵。人本身就高贵，因为有良知。孩子爱妈妈这就是良知，那个良是"本来就有"的意思，不是良好的意思，是本自具足的意思。良能呢，弟弟尊敬兄长，小辈尊敬长辈，这都是良能。还有良贵，你本身就很贵气，你素面朝天都贵气，为什么？孟子说，不是外在的这些让我们贵，而是仁义忠信这些天爵让我们贵。我本身就散发出内心的光华，根本不用披上纹绣的衣裳，因为内在的美、内在的气质、内在的光华已经让人如沐春风了。所以真正的美是以善为根本，真正的时尚要有文化内涵。由内而发的那才叫时尚，如果内心没有光，一直靠外面去涂抹，那就跟刷墙一样，墙本身不行，你涂抹也没用。感动人的是灵魂的美，非在相状。在我们急剧转型的社会里，面对人尤其面对陌生人的时候，我们要考虑怎么处理人与人的关系，怎么有恻隐之心，怎么有羞恶之心，怎么有恭敬别人的心，怎么有判断是非之心，等等。孟子就说："万物皆备于我，反身而诚，乐莫大焉。"阳明大师也是这么讲的："仁者与天地万物为一体。"没有我的心，鬼神算什么，没有我的心，这天地又算得了什么？正因为有了我的心，鬼神才那么灵，天地才那么高。中国文化说我的心可以赞天地的化育，这就是中国文化最最神秘的地方，也是孟子所讲的心法。

"求则得之，舍则失之，是求有益于得也，求在我者也。求之有道，得之有命，是求无益于得也，求在外者也。"这颗心，求就得到，舍就失去。我呼唤的、求索的是我的真心，求仁得仁，又有何怨？心就在这里，昭昭若是。仁义礼智根于心，仁义礼智，我固有之也，非外铄也，是我自己本身就有的，是天放到我心里的。阳明大师说，天地万物皆有根，什么是我们的根？是心。我的良知是天植在我心里的灵明的根，是天植的。如果这心根戕害了怎么办？要灵根再植，让它接续上来。

很多人喜欢讲养生，养生最好的方法是养心。阳明大师说心不存身就不能存，心在身就在，心死身就死。如果你心养得好，视听言动，心知道往哪里看，往哪里听，怎么说，怎么行，自然养得了长寿之命；如果整天哪里有坏的东西就往哪里钻，说坏话、做坏事，三天就死。因此养生最好的方法是养心，身的主宰是心。

心之发出是什么？心要发动，心物相接，感而遂通。心之发出，就是意，意的本体是什么？是知。意的所在是什么？是一个物。这个逻辑就是：身的主宰是心，心的发出就是意，意的本体就是知，意之所在，落在哪里？就落在一物上。

你说要忠君，忠君就是一物；你说要孝亲，孝亲就是一物；你说要仁民爱物，仁民爱物就是一物。做事情没有这个心怎么能做得了呢？这是心学最了不起的地方，就是时时刻刻有心，有良知在照。这也就是他说"照心"。孝亲，对父母尽孝，难道只是做那些端茶送水的事吗？台上的戏子，演孝子演得真切，难道他是真孝子吗？不是。真正的孝在心里，对爸妈的爱在心里。忠君难道只是喊喊口号吗？也不是，能在关键时刻为国捐躯，乃是真的忠。曾子说："能托六尺之孤，能寄百里之命，临大节而不可夺也。君子人与？君子人也。"一个国王能够把自己未成年的王子托付给你，把国家的命脉交托给你，在生死存亡的关头你不会变节，那个才叫忠，是在心里的，你爱人爱物都在这个心里才能够做得实在，做得长久。阳明大师特别强调以心照物，抓住了根本。

儒家、道家、佛家都特别在心上用功

坊间国学讲知行合一，好像是特别艰深的一个东西，其实并不如此。若知道王学与孟子学的关系，懂得仁义礼智四心，再看知行合一，就明白很多。知行合一就在心里。仁义礼智，智不在心外。心无不善，知无不良。所以，智，一方面是良知，另一方面是昭明。同时兼具这二者。心永远在照，只说一个知，已自有行在；只说一个行，已自有知在。哪有知而不行的道理呢？又哪里有行而不知的道理呢？知是行的主意，行是知的工夫。本位立在心上，知行合一才有可能；不立在心上，心物、知行，就是两件事。

任何时候，做事要有个心在照，你会时时戒惧、警觉自己做得好不好，不要糊里糊涂；想问题的时候要落在实处。就像戒烟一样，10 年还没戒掉，那是知行合一吗？不是。你没有真知吸烟的坏处，故而戒烟也落不到实处。

有学生给阳明大师写信说，老师，您的理论非常好，只是立意太高，践行太快了，很多人以为您的学问是顿教的法门，就是佛学，是明心见性的学问。阳明大师说，哪里是这样的，你知道知行合一里头有多少积累的功夫，哪里是泛泛的空话。你有心去做事，把这个心立起来，这就是孟子说的"先立乎其大者，则其小者也不能夺也"，把这个心立起来，做事的时候就会实实在在、真真切切、笃笃实实、条条理理，在行之中，这个知的心都在照，这就是知行合一，有何难哉？

阳明大师认为这个心是真切的，是善良之心，但是也有很多人就说夫子，你常常像孟子一样那么地相信人的人性，相信这颗心，但是这个世界上有那么多杀人放火的、有那么多贩毒的、有做出那么多邪恶之事的人，你怎么能够知道这颗心是有光在照？你怎么能够相信人的本性是善良的？

关于这个问题，先秦的时候很多人都问过孟子。孟子说人的本性是善良的，就像美玉一般，只是他的欲望遮蔽了他的良知，恶由此产生。

我们要特别讲一下人性善恶的问题。人性的问题，不能只看表面，要看心体性体。人们说：孟子，你太迂阔了。你说人性是善的，为什么有那么多邪恶的人？孟子是从本心本性上讲人性善恶的。善良之心在孟子看来是人人本来具有的。这跟韩非子不同，韩非子认为，没有一个人是善的，全是恶的，全是为自己的。人性善恶，教育教化之道就不同。对人性本性的理解一定要深入，这是哲学的立论之初。荀子认为，人性恶，本性是恶，后天礼乐教化可以化性起伪，使之为善。孟子说的是，人本性是善的，材质是美的。恶是因为后天的习染，使其泯灭了本心。

孟子曰："牛山之木尝美矣，以其郊于大国也，斧斤伐之，可以为美乎？是其日夜之所息，雨露之所润，非无萌蘖之生焉，牛羊又从而牧之，是以若彼濯濯也。人见其濯濯也，以为未尝有材焉，此岂山之性也哉？"什么意思呢？曾经有座山叫牛山，山上树木茂盛，因为它在大都市郊外，每天都有人上山去砍伐，每天都有人赶着牛羊上山去啃食。刀斧之下，可以为美乎？渐渐就看不到树木了。虽然它日夜在生长，有新的枝芽长出来，但是接着又来放牧又来砍，牛山变成那样光秃秃的样子了。人们见它光秃秃的，便误以为它不曾生长过大树，这难道是牛山的本来面目吗？

他说的山其实说的是人，树木就是人性。就人性来说，难道就没有仁义之心吗？有的人失去他的良心，就像有人穷凶极恶、杀人放火、无恶不作，内心没有丝毫的悔改，当他还被妈妈抱在怀里的时候，他就是这样的魔鬼吗？每个妈妈都不敢相信说我怀抱的是个魔鬼，是个杀人狂魔，不会的。这些杀人狂魔都是妈妈的孩子，不是外面来的，那是从哪里来的？人失去了他的良心，就像刀斧加于树木一样，天天砍伐，还会有青山绿水吗？恶人，是他失去了自己的本性，失去了初心，失去了滋养。所有的事物得到滋养就能存活，失去滋养就要枯萎，人心也是一样。我觉得今天讲"发现中华文化之美"太好了，就是要用中国文化的美，滋养我们的心。一棵树你十年不给它一滴水，不给它阳光，最后就变成齑粉。树犹如此，人何以堪！不是他的本性不善，而是因为后天没有得到应有的滋养。这就是人心人性。

我们看看《传习录》上的一则故事，就明白这一点上阳明大师是如何师承孟子的。凡事皆在心上求。阳明大师有一次游学到禹穴，看见那里的草木长得非常茂盛，他问学生，没过多长时间，为什么这里的草木长得如此茂盛呢？他的学生范兆期说，草木长得茂盛，是因为它有根基的缘故。阳明大师说草木的生长是因为有根基，那人的根基是什么呢？就是这个心，这个天植的灵根。有这个良知，有这个心，这个世界就能够生生不息，没有这个心，这个世界就会遮蔽凋零。我们原本有这颗心，人人皆有这颗心，圣贤和凡人相同，凡人只是因为被自己的欲望所遮蔽，失去了本心。现在要做的事情是要把这些遮蔽的东西去掉，让他的良知涌现，这个就是致良知，就是求这颗心。

儒家强调向善的教养。这里强调一点，孟子讲得很清楚，是性善，是本善，善良本性，但也并不排除儒家推崇向善的教育，比如荀子。孟子有好多比喻。他说："学问之道无它，求其放心而已矣。"这个放心，是把放逸了的、行差踏错了的心求回来。这和荀子不一样，荀子是说人性本恶，通过教化，"涂之人可以为禹"。孟子是从心灵的甘泉中找出立身之本：学问之道没有别的，就是把心呼唤回来。他说："农人丢失了鸡、犬，还知道去找回来。为什么你们的心放逸那么久，丢失了那么久，还不找回来呢？你的无名指能曲不能伸，要跑到秦国楚国那么远去治疗，可你的心都坏了，为什么不去治呢？栽种细小的桐树、梓树，你都知道给它阳光雨露，知道去保养爱护。你的身心不比树贵得多吗？你为什么不去爱护呢？可见太不懂得思量了。"人不滋养自己的心灵，是不知类呀！就是不知道轻重，不知道贵贱，捡了芝麻，丢了西瓜。孟子说人要立其大体，"先立乎其大者，则其小者弗能夺也"。大体是什么？大体就是心，把心立住了，别的东西就夺不走你；如果心立不住，那一点点金钱，一点点的美色早就把你拉走了，你自己根本立不住。人的教养越深，越是岿然不动，不动心。从其大体为大人，从其小体为小人。大体是什么？就是心。这是中国文化很重要的一点。

孟子说："学问之道无他，求其放心而已矣"，学问没有别的什么东西，只是把你行差踏错的心回到他的本位就好了。

我们立心是什么？就是要做大丈夫，要做大事业。宋儒张载说，要"为天地立心，为生民立命，为往圣继绝学，为万世开太平"。阳明大师说人人都有这颗心。坏人的心到哪里去了？他失去了这颗本心。凡人那里有没有这颗心？有这颗心，但是凡人这颗心的光芒忽明忽暗，今日明白，明日又糊涂，做这件事情明白，做那件事情又糊涂。但是圣人的心却是昭昭若是，圣人的心大放光明。儒家要求的或者心学要求的就是你永远要保养这颗心，滋养这颗心。儒家有一个观念，叫作"不动心"，不动心不是我们说像石狮子一样不动，不动心指的是坚守道德的立场，坚守道德的心，富贵不能淫，贫贱不能移，威武不能屈。

孟子讲不动心，是因为他的学生问："老师，你一生颠沛流离，现在好不容易到齐国了，人家给一口饭吃，给一个房子住，也不怎么舒服。万一齐王让你做齐国的宰相，你动心还是不动心呢？"孟子说："吾四十而不动心。"真正让我动心的就是仁义忠信，对相国之位，并不动心。儒家的观念是很清晰的。孟子曰："尽其心者，知其性也。知其性，则知天矣。存其心，养其性，所以事天也。夭寿不贰，修身以俟之，所以立命也。"君子尽了自己的善心，就是觉悟到了自己的本性。不担心生命长短，只想尽心知性知天，所以仁者无忧，阳明大师也说，虽然俯仰酬酢，但心不动。良知明照，昭昭若是，如如不动。

道家的不动心。道家也讲慈悲，同时讲"不动心"。庄子推崇至人、神人，那就是不动心，叫"安时而处顺，哀乐不能入也"。不以好恶内伤其心。庄子曰："至人神矣，大泽焚而不能热，河汉沍而不能寒，疾雷破山、飘风振海而不能惊。若然者，乘云气，骑日月，而游乎四海之外，死生无变于己，而况利害之端乎？"凡人要有一颗天心，这是道家的安心之教。大火焚烧蔓延，我不惧怕它的热吗？江河冰封凝结，我不惧怕它的寒吗？疾雷破山，我心不惧吗？飘风振海，我心不惊吗？我如何能做到这一点呢？万物都不能牵引我，使我心动，使我顶天立地的，乃是这颗心。超越利害，游乎四海，对生死不以为意，庄子境界高迈，外物不可必，唯有这颗心。

佛家的不动心。佛家讲悲智双运。悲是慈悲救世，智是修心度人。《坛经》是中国文化经典。当日五祖为了考验大家智慧，要大家各作一偈，以便付法。神秀大师作了一首："身是菩提树，心如明镜台，时时勤拂拭，勿使惹尘埃。"而惠能则曰："菩提本无树，明镜亦非台，本来无一物，何处惹尘埃。"五祖付法传衣给惠能，当五祖说到"应无所住而生其心"时，惠能言下大悟，曰："何期自性本自清净，何期自性本不生灭，何期自性本自具足，何期自性本无动摇，何期自性能生万法。"五祖连夜亲送六祖惠能渡江，告别时六祖对五祖说："迷时师度，悟时自度。"所悟者何？还是心。无所住而生其心，正是般若之智。《金刚经》"离相寂灭分"里说，"须菩提，如我昔为歌利王割截身体，我于尔时，无我相，无人相，无众生相，无寿者相。何以故？……若有我相、人相、众生相、寿者相，应生嗔恨。须菩提，又念过去，于五百世作忍辱仙人，于尔所世，无我相，无人相，无众生相，无寿者相。是故，须菩提，菩萨应离一切相，发阿耨多罗三藐三菩提心。不应住色生心，不应住声、香、味、触、法生心，应生无所住心"。这里就是讲的不动心。心若住相，便是动；心不住相，如如不动。

阳明大师出入佛老，归宗孔孟。他的根牢牢扎在儒家的大地上，紧紧抓住良知二字。一方面阳明大师认为要以心照物，要用良知来照，观察、观照这个世界，你知道自己应该怎么做；另一方面阳明大师又特别地对人充满信心，因为所有的人都有这颗心。一个人即使没有了四肢，甚至听不到，说不出，甚至看不到，都不会妨碍他做一个好人；但是如果这个人没有心，立刻就完蛋了。所以从孔孟以来，一直到阳明大师，都非常地强调要保有这颗心，而且要时时刻刻省察克制。

阳明大师说，你平日在大庭广众之中说的话，我还不能全信是出自你的真心，但是夜深人静的时候，你坐在床边扪心自问，我说的对不对，我做的对不对，我想的对不对，心自然知道。儒家特别相信这个心，同时儒家也特别认为人同此心，心同此理。

儒家、道家、佛家都特别在心上用功，这也特别影响到阳明大师。比如说禅学，佛法从东汉末年传到中国，其实是到了隋唐大盛，但它一定要和中国的文化孔孟之道相结合，与儒家的心性相结合才能够落得下来，否则是落不下来的。

我刚才给大家讲了孟子说"未有仁而遗其亲者也，未有义而后其君者也"。过了几百年，到了唐代，人们读到《坛经》的时候看到了中国佛学，就是看到了孔孟之道，看到了中国文化。上面写的"恩则孝养父母，义则上下相怜"，你要有恩的话，你要孝养自己的父母，你虽然出家了，但是你还有父母啊，不应该忘掉自己的父母，"上下相怜"讲的更多的是儒家文化。什么叫上下？就是君臣、父子、夫妇、兄弟。这里有上下，但是上下之间是怎么样的？是非常和谐的关系，叫作君仁臣忠、父慈子孝、兄友弟恭、夫义妇柔。从心性看来，亚洲的文化交流、交融之中，相互吸收的最精华的部分，就是心性的部分。这个对宋明理学，对心学的影响是极大的。当时六祖到五祖那里求法的时候，五祖给他讲到"因无所住而生其心"的时候，他一时言下大悟，说了一句什么话？"何其自性，本自具足"。这和孟子讲的是一样的，孟子讲的人性善，人具有善心，不忍人之心。这里讲的是"何期自性，本自具足"，没有想到这个人性，或者佛性是人人都具足的。"何期自性，本不生灭"，不生也不灭，"何期自性，本不动摇"，"何期自性，本自清静"，"何期自性，能生万法"。从这里"何期自性，能生万法"，我们就联想到阳明大师讲的心外无物，心外无法。

有一次阳明大师的学生跟他说，老师，万物都有一个理，这是没错的吧？老师说没错啊，但是你少了一个字，哪个字啊？就是心，心知理在物上。不能说天下之理和你的心没有关系。阳明大师解四书，都是在心上说，字字句句在心上说，讲到忠恕之道的时候是在心上说，讲孟子的尽心知性知天、存心养性事天也是在心上说，讲《中庸》的时候在心上说，讲《大学》的时候也是在心上说，我感觉到真的是君子之道一以贯之，所以要念阳明大师的著作一定要从心性上入手才可以。

心学的致良知

心学有一个很了不起的地方，我们现在都在讲亚洲命运共同体和人类命运共同体，其中的思想根源有很大一块是中华优秀传统文化。孟子曾说，人的想法会有那么的不同吗？齐桓公的厨子易牙做的饭菜特别好吃，人人都知道他做的饭菜好吃，说明人们的味觉是相似的，甚至相同的；晋平公的乐师师旷弹的琴好听，人们都知道，说明人们对听觉有相似或者相同的感受；子都的美色人人都知道，都喜爱，要是不知道子都的美，那就是瞎了眼，可见对于美色也是一样能够欣赏的。他接着问，难道人的心就是那么的不同吗？中国文化一定要在哲学上找一个一以贯之的、普遍化的东西，要人同此心，心同此理，那是什么？那就是心。所以孟子就说"理义悦我心，犹刍豢悦我口"。理义让我的内心喜悦，就好像美食让我的嘴巴甘甜一样。中国文化都在讲一个共同的东西，有一个公约数的东西，那是什么？能够相通、相连的东西是什么？能够各美其美、美美与共的东西是什么？其实就是这颗心。除了这颗心还有别的什么吗？孟子一生都在找这个同理心，陆九渊、王阳明大师一生都在找这个共同点，就是人和人能够相互理解、相互欣赏、相互帮助、相互爱护，能够相互沟通的地方在哪里？来自人性的，人人本自具足的，不增不减的，不会毁灭的，能生万法的，就是这个良知。

孟子举了一个例子说，如果眼见一个小孩爬着要掉到井里去，天南海北的人，都会伸手去救。孟子问你为什么要抱他，给我一个理由，是因为你认识这个孩子的父母吗？不是，不认识。是因为你想博取名声吗？不是。你是讨厌这个小孩的哭声，快点把他抱起来算了，不是的。各种外在的理由都不是，请告诉我为什么呢？为什么要救他，为什么要抱起他？是因为人人都有同理心、不忍他人受苦的心，所以要抱起他来。远在非洲的人，他的饥饿跟你有关系吗？为什么你心痛不已呢？是因为同理心。叙利亚的难民颠沛流离为什么让我流泪，我也是感同身受，为什么？其实是人心和人性使然。我与他相隔万里，哪有什么亲缘关系，哪有什么利害交换，都没有，但为什么你要爱他，为什么你要牵挂他呢？其实就是这个心。这就是中华文化最了不起的、最对人类有贡献的地方，就是这个致良知。

为什么阳明大师要致良知，就是因为我们正在失去这个心，我们常常忘却了我们的心，忘却了我们是个堂堂正正的人，是有道德心的人，所以要致良知。从前孟子讲良知、良能、良贵，什么叫良？就是原本的意思，就是对爸爸妈妈的爱不用教，看见妈妈自然知道笑，看到兄长自然知道恭敬。现在不知道恭敬了，为什么？阳明大师说失去了这颗心了。现在要做什么？要唤回这颗心，要求放心，要致良知，让我们每个人有这种道德的敏感，见到父母知道孝敬，见到老人知道恭敬，见到兄长知道尊敬，见到所有的事情知道怎么做，这就是道德的敏感、心的直觉。

阳明大师的学问、心学对今天有很大的作用，做任何事情，无论修身、齐家，还是治国、平天下，只要有心就有力，有心就可以做事，有志者事竟成。所以人要立大志，树雄心，才能够做得成事情来。你有怎样的心就能做怎样的事业，你有怎样的志向就能做出怎样的事业，这是一定的。

修身养性

——儒学的现代意义

李　山

李　山

　　北京师范大学文学院教授，博士生导师，启功先生弟子。研究方向为中国古代文学、中国文化史。

　　今天我们主要讲的问题，是儒家思想的一个核心性问题，就是修身养性。身，每个人都有身体，是我们存在的根本。老子说，我有忧患，是因为我有这个身体；假如我没有这个身体，我还怕个什么呢？这就是"身"的重要性，它决定每个人的一切。"身"有物质性的一面，身体，血肉骨骼。可是物质的"身"

内，人类还有超出动物的精神层面，这是人类所特有的。是物质肉身欲望做主，还是精神方面做主，活得像个人，就是修身要解决的大问题。因而，所谓修身，就是让精神的一面占据主导，主宰物质的身，使身心协调，让物质性的一面受到调控。人要吃、喝、拉、撒，如何使这些摆脱动物性，变得有品位，这其实是修身很重要的内容。于是"身"这个概念，就有了哲学意义，是一个具有中国思想特点的概念。

儒家讲修身，道家也讲修身。道家修身，讲节制欲望，讲长生不老，就是所谓的养生。养生的一个要义，就是欲望不要太强，太强就养不了生。我们知道道家讲养生是朝着长生永世、长生不老的方向走。儒家并不强调长生不老，它虽然也讲大德必寿，但还是从象征意义上去解释。儒家主要追求的不是生命意义上的延续，而是价值意义上的延续，就是修身。让你变得身心协调，让你的灵魂统治你的肉体，让你的人性看住你的动物性，让你变成一种协调而且自然的状态。

有句话叫"如切如磋，如琢如磨"，来自古老的《诗经》。修身好像很简单，但注意，江山易改，禀性难移。所以要你切、磋、琢、磨，这在《论语》中孔子也跟子贡讲过。切之骨器，磋之雅器，琢之石器，磨之玉器，一个玉器做出来，有的要花一世的力气，这是有意识的修身。无意识的修身就是"这么散漫地长吧"，用北京话讲叫"散德行"，而我们现代人是特别喜欢"散德行"的。

儒学去除"戾气"

所谓修身就是要建立坚强的人格主体性。人活在社会上要有人格，这样才好在这个社会中顺利穿行，这就有一个自己控制自己的主动性的问题。能自控，就是人格主体性的表现。修身的问题就要建构这个东西。说起来很平常，但做起来很难。我感到我们当代中国人没有失去传统的美德，即勤劳、善良、节俭这些，但我们失去了人格修养，于是就是戾气重，缺少慈祥，缺少宽容。戾气源于什么？简单地说戾气源于欲望，欲望不得，就生脾气，不能控制情绪。我举例说明。

中央电视台曾报道过两则新闻。第一则是一群老先生、老太太锻炼回来，上了公交车，见一位小伙子在玩手机，没给他们让座，这群老人噼里啪啦就揍人，直打得小伙报警。报道称打人最重那位老先生好像喝了酒，见报警，撒腿就跑。第二则，一个老先生也是上公交车，小青年不给他让座，他上去就打人家嘴巴，打了四五下，打得小青年落荒而逃。幸亏跑了，因为那位老先生还有一个"动作"：他把自己给气死了。还有在北京的大兴，前几年出的事：一位推着婴儿车的妈妈，在超市外面的广场跟两位男子干起来了。结果其中一个小伙子把婴儿车里两岁的孩子给拽出来摔死了。还有一个新闻，是发生在四川的大城市：一个女的开车在前面走，别了一下其他的车。被别的司机是男士，开车把这位女士挤到路边，揪出来揍了一顿。这些，都是戾气重的表现。三句话不合，就动手。控制不住自己，就失陷于这两个字："戾气"。

我们来看《论语》讲的如何去除戾气。《论语》里有两条。

第一条，樊迟从游于舞雩之下，曰："敢问崇德、修慝、辨惑。"子曰："善哉问！……"敢问，就是问，"问"要加一个"敢"字，是一种谦虚的口吻。崇德，就是使我德行崇高起来，这是儒家最讲究的，所以儒家哲学，内圣外王，就是内修一个人格，外成一番事业。然后"修慝"是什么？"慝"这个字比较奇怪，上面一个"匿"，下面一个"心"，有些时候它当作"口舌之非"讲，"修慝"是杜绝这个现象。"辨惑"，注意，这是一个重点。"惑"是什么？在这里，它不是认识意义上的不知道怎么办、迷惑。"辨惑"是自我控制情绪的问题。接着，孔子说："善哉问！"承认这是个好问题。"先事后得，非崇德与？"你要做事，不论给谁做事，先讲能不能做到，做得好不好，然而再讲自己能得到什么，比如薪酬待遇等。这就是崇德。然后说"攻其恶，勿攻人之恶"。这个"其"字指自己。宁可整天说自己不好，不要说别人不好。整天没事说这个不行、那个不行，都不行，就你行。当两个人之间出现了矛盾的时候，先从我入手，先检讨我自己，对方马上就放松了，就会放松对你的敌意。反过来你永远指责对方，你们永远敌对而且越来越敌对。儒家针对这些现象提出了一些原则。什么叫君子求诸己？你以为向他道个歉你就输了？向他道个歉你未必输。接着，注意下面要讲的重点："一朝之忿，忘其身，以及其亲，非惑与？"忿，是情绪做主，于是就忘了自己的身体，然后忘了亲人，即你就忘了你有爹妈，有爷爷奶奶。爹妈养你这么大，你冲动干傻事，被关到牢里，他们怎么办？爷爷奶奶怎么办？所以孔子反问："非惑与？"这不是人生大糊涂吗？

第二条，子张问崇德、辨惑。子张这个人也是孔子的好学生。子曰："主忠信，徒义，崇德也。"你看这个回答就不一样，要讲忠信。忠诚、老实、讲信用，尤其在商业社会里，搞欺诈你也能活，但是你是侥幸逃脱。什么叫徒义？"义"是宜，就是适宜，徒义就是向恰当、合适的地方迁移，不断纠正自己的错误。所以这就是崇德。接着注意下面："辨惑，爱之欲其生，恶之欲其死。既欲其生，又欲其死，是惑也。"爱一个人时只要他活着，恨一个人时恨不得把他弄死。看吧，又是情绪做主。孔子说，你让他生又让他死，这不是糊涂吗？情绪做了你的主，爱憎的情绪使你失去了对事物、对人的正确评价。这实际上就涉及儒家的中道了，恰当地爱一个人，恰当地恨一个人。爱人爱到什么程度，恨人恨到什么程度，要有一个原则，一个尺度。你是一个社会中人，有情绪，但要拿稳分寸。

　　人是有情绪的，所有的动物都会有喜和怒，但是我们人类的情绪最复杂。可是，这是人类的高贵之处，人类有发达的情绪，所以有文明、有艺术等。但是我们人类有一个很大的麻烦，就是难以协调情绪使它持重。《中庸》讲"喜怒哀乐之未发，谓之中；发而皆中节，谓之和"。注意，这前一个"谓之中"，不是难题，老天爷生我们的时候就给了我们各种情绪，好像电脑各种程序安装在我们的生命里。"发而皆中节"，这才是要点，才是大难题。"发而皆中节，谓之和。"你发情绪，谁没有情绪呢？发情绪"和"吗？恰当，程度恰当，时间恰当就是"和"；不恰当，就是失败。可以这样说，做一个人，只要发脾气，你跟儿子发脾气，意味着交流失败；你跟女儿发脾气，意味着交流失败；你跟你的同事发脾气，你翻脸就意味着交流失败；你跟上级，你试试看……所以情绪做主，意味着交流活动的失败。人是社会性的，是社会动物，人生在世，谁能不与人打交道？打交道就是交流。儒家就在这个地方讲中道原则，讲情绪节制，其实就是讲人之为人的大原则。可是，真做到"中和"可就难了。

儒学中的忠恕

忠恕是儒家的仁道原则。孔夫子提出仁道原则，首要的不是只教我们如何做人，所以在《论语·里仁》中他说：君子有不仁的，我从来没有见过小人可以仁的。注意"君子"在这里指的是古代有贵族身份的人，"小人"则指的是一般的百姓。他认为没权没位的谈不到仁道原则，所以孔夫子一辈子想办法推行仁道原则，专找那些在上位者，整天周游列国找列国君主。

可以这么说，《论语》说千道万，你都可以忘记，其中的一个字却不能忘，那就是"恕"。为什么？它拯救你。我们来看看关于"恕"《论语》是怎么说的。子曰："参呼！吾道一以贯之。"曾子曰："唯。"子出，门人问曰："何谓也？"曾子曰："夫子之道，忠恕而已矣！"这段话是孔子对曾子说的。接着我们看，孔子与子贡谈"恕"。子贡这个人很聪明，他老反问，善于刨根问底。在《论语·卫灵公》篇中，子贡问老师：有一个字可以终身行之吗？曾子说"忠、恕"是孔子的夫子之道，子贡就问一个字，也就是最最重要的。孔子回答："其恕乎！"后边孔子还马上跟了一句："己所不欲，勿施于人。"关于孔子所讲的仁道，大家都理解为"己利而利人，己达而达人"，还有一条就是"己所不欲，勿施于人"，都属于对"仁"的阐释。孔子在说"恕"道的时候，紧接着就讲"己所不欲，勿施于人"，表明"恕"道也是一种仁道，是我们每一个人做人的态度。我们感谢子贡，逼出来孔子最托底的"恕"道。与"恕"相比，"忠"可以不要。

这是为什么呢？忠者，讲究尽心。你看，朱熹说：尽己谓之忠。什么叫"尽己"，就是尽己所能。比如说我是你的职员，我尽心竭力为你做好事情。还有朋友托我办事，我尽心竭力地去做等，这些都是属于忠道。这种忠道在社会上能做到的人很多。为什么？大家是社会的人，朋友托你的事你答应了，却虚与委蛇，给人家耽误事，你搞这么几次，在社会上人缘就没了，你要是不想自我摒弃的话，就得尽心帮助人。另外，一个人为他人做点事，做得漂亮，做得好，总会有回报。

恕，就不然了。什么是"恕"？我们来看看前人的说法。王弼，魏晋南北朝时期人士，是个玄学之士，活23岁就死了，但他是一个天才的哲学家。王弼解《论语》，就说："忠者，情之尽也。"就是尽情。这个好理解，实实在在、尽心尽力。他说"恕"："恕者，反情以同于物也。""反情"，这个词就有点难理解，实际上就是将心比心。将心比心就是"反情"。王弼之后，有位皇侃，他说："忠，谓尽忠心也。"这个也好理解。又说："恕者，忖我以度人也"，就是推己及人。朱熹也说，"尽己之谓忠，推己之谓恕"。推己及人，这是恕道之心。他们三位说的都一样，没有什么根本区别。但是，我们仍然不懂什么是"恕"，还是感觉隔膜。

生活教育人，有时候我们检讨生活，会突然发现"恕"就是当别人貌似做了对不起你的事情后，你先不要认为对方对你有敌意，而要替对方找找理由。如此，你会马上原谅对方。原谅，就是"恕"。

先举一个古代的例子，管仲和鲍叔牙。读过《史记》的人都知道管鲍之交。《史记》说管仲和鲍叔牙两人年轻时一起做买卖，该分钱了，管仲就悄悄地多往自己兜里揣，这事在谁都容易闹翻车，可人家鲍叔牙不以为意。鲍叔牙给管仲找理由，说管仲这样做，因为他家里穷，家里太需要钱，人穷志短，马瘦毛长，多拿点钱，是因为太穷了。好，鲍叔牙原谅了管仲。两个人一起去参军打仗，仗一开始，管仲就跑了，把鲍叔牙扔在那里，这事也很容易让朋友闹翻，可鲍叔牙仍然不以为意。鲍叔牙说，管仲这样做，是因为他家里有老母亲要养。忠孝不得两全啊，如果死了，老母亲归谁养？管仲为老母亲跑了。鲍叔牙继续原谅管仲。还有好多这类事，其中有一件就是，两人互相帮忙，鲍叔牙给管仲帮忙，办一件事成一件事，轮到管仲给鲍叔牙帮忙了，办一件砸一件。但是，鲍叔牙还是不以为意。鲍叔牙说，流年有利有不利。这些司马迁记载的事，过去人们都认为是好朋友的典范事例，即所谓"管鲍之交"。不过，今天看起来，鲍叔牙原谅管仲，活脱脱就是"恕"道的体现。每一次管仲欺负鲍叔牙，鲍叔牙都不认为管仲是出于坑害他的目的，鲍叔牙总会给管仲找找理由。他这样做，最大的效果就是可以宽容、原谅管仲。宽容容忍，就是"恕"的表现。

再举一个现实生活中常有的例子。我们生活在这个社会上难免会遇到一些尴尬。比如说我在学校碰到一个其他院系的人，说熟吧，也熟；说不熟吧，也不太熟，反正见面打个招呼这点礼貌还是要有的。某一天早晨去上班，见到某院系的老张或老王，总得打个招呼吧，就准备好了表情，准备打招呼。可结果是，对方两眼一瞪就走过去了。诸位，当你遇到这种尴尬时，请回想一下，当时内心会冒出什么样的念头？往往就是：哟！我得罪你了？你瞧不起我了？要是沿着这个念头想，恰恰就犯了"不恕道"这个毛病。好吧，沿着不恕道的念头走，这就较上劲了：你有什么了不起的，你不就在这个系多挣几个嘛，你不就是刚评教授嘛……你就开始七七八八想一上午。一旦出现这个情形，你就过于狭隘了。这就需要替对方找找理由了。大家知道这样一句话：视而不见，充耳不闻。一个人心里有事情的时候，容易睁着两眼看不见。我们自己不也有这样的情形？所以这个时候要替对方找找理由。这种情况发生，先别急着怨对方，你先替他想想，替对方找找理由。一旦这样做，你马上会释怀，就不再为对方的无心之过耿耿于怀。原谅对方，其实更是放过自己。甚至有人坑你，你也得替他找找理由。为什么？解救自己。宽容体谅，首先是解救自己。另外，不至于使我们的人际关系陷入糟糕的状态。今天老张或老王没搭理你，人家是无心之过，明天再见老张或老王，人家跟你打招呼，你还没有忘记前面的事，故意不理人家，你不就太小气了吗？宽容体谅是内心强大的表现。

我们知道康德，了不起的哲学家，他就谈到一个"德福一致"的问题。康德说我们应该打造一种哲学，以保障有德的人有福。西方哲学到今天我们也没有看到哪个哲学家把这个问题彻底解决。但是恕道的原子和德福一致。你宽容对方一分，就获得一分安详，这是一分德换来一分福，德福一致。

现代人，跟别人打交道面广了，生人也多了。如何去评价对方？生活中会遇到许多让你感觉不好的东西，难听的话，不理解的批评等。这时，你要有一种心灵的能力：转化它们。最不好的情况就是有人射你一箭，你能顺着躲过去，也是好的。所以，替对方想想，这就是恕道。所以，《论语》中有一句话最需要我们记取："夫子之道，忠恕而已。"

儒家的"中庸"

儒家讲"中庸"，讲的是什么？刚才讲过，"喜怒哀乐之未发，谓之中"。你生下来只要不是残疾，就会喜怒哀乐，该哭就哭，该笑就笑，这是"未发谓之中"。古人经常说我们有这个基本潜能，所以我们是万物之灵。这还不是最重要的，不是你开始做人遇到的困境，因为"未发谓之中"是遗传下来的。麻烦在哪？前面说过，在"发而皆中节，谓之和"。上天给你那么多情绪，你能不能恰当地使用，这个需要修养、需要经验、需要磨砺。"中也者，天下之大本也。"这个说的是什么？是我们人之所以为人的原理。"和也者，天下之达道也。"人要在这个社会中生存，最大的问题是要和人打交道。你做买卖，你教书，你干什么都是在和人打交道。所以"致中和"，能够达到中和，天地各归其位，万物包容万物。中庸之道讲的是什么？使你的情绪平和，内在和谐了，外在平衡之道就找到了。做事情，拿主意，都需要取舍，需要平衡。平衡之道是什么？是左一下，右一下，就像走钢丝绳，找到那个平衡点，找到那个点往前走，能过去，就是中庸之道，过不去就只有掉下去了。这个得有主体性建构，能平和情绪就是主体性的表现。而平和情绪实际也需要前面讲的原谅和包容之心。找到那个平衡点，就是心性修养的效果，内心和谐、协调的最佳状态。这太难了。唯其难，才要终身修养。

孟子的"不动心""浩然之气"

谈谈关于孟子的大丈夫精神，还有"不动心""浩然之气"。"浩然之气"是沉得住气。"不动心"反过来就是动了心。动了心，就不是浩然之气。什么叫不动心？很难说。比如我当老师，突然发现我的工资这么低，干点别的收入可高了，我就想，我是不是也放弃我这个职业去干别的，这就叫动心。还有——更考验人，你做人那么正派有什么意义，稍微出卖一下良心可能就变得很好。人一旦把保持正派这一点放弃，也叫动心。孟子生活的是什么时代？商鞅、张仪、公孙衍等都成了说客，到处游说。他们一动，天下就动；他们一静，天下就静。做一个学者要风得风，要雨得雨，这不好吗？但是孟子说了，那不是大丈夫的行为，那是妾妇之道。你一辈子不去跟他合作，不去走他那条路，这叫作不动心。不动心就是做自己，管你挣多少，管你多大势力，我就觉得我这个生活好，我要坚持我这一套，这叫不动心。做好自己，做好自己的事。孔子没有这个困境，孟子有。为了维系这个不动心，要稳住自己，所以孟子就有浩然之气。孔夫子是什么人？孔夫子是一个本色的人。做人唯有保持本色难，一个人有点成就就开始漂起来了，失了本色。不动心就是要坚持儒家的本色，坚持某种价值，坚持某种观念。不能因为别人做了官，别人发了财，别人发达了，你就开始动心，放弃了你自己。我理解，孟子讲的不动心，是要稳定自己。他的大丈夫精神使他保持了儒者本色，沉得住气。

五

教育与体育

如何看出国留学的热潮

傅腾霄

傅腾霄

深圳国际预科学院创始人、院长，北京大学博士论文答辩委员会委员，四川大学兼职教授，中国马列文论研究会副会长，广东珠江文化研究会副会长等，深圳大学师范学院原常务副院长。

清朝末年的洋务运动对我们传统的教育进行了两项改造：第一项是建立起新的学堂；第二项是选派留学生。

"留学生"这个词我们现在都广泛地使用了，用了很多年，其实如果考察这个词的来历，最早使用的是日本人。因为唐朝是中国各方面都繁荣昌盛的时候，所以日本就派了许多"遣唐使"

到中国来，本来他们是来办外交，可是看到有很多东西值得学习，他们就在外交以外的文化、经济很多方面开始学习。后来，他们觉得光是靠外交官遣唐使还是不够的，所以又派了大量的留学生到中国来，所以日本人对中国的了解是很厉害的。

中国的留学真正开始是在清朝末年，我们派的首批到美国去的留学生，正式揭开了中国留学的历史大幕。

这里我们很自然地要提到中国留学生之父，就是广东中山人容闳。他是中国第一个在美国的一流大学耶鲁大学毕业的学生。他通过自己亲身的体会，觉得出去学习很有好处。所以他回国以后就奔走呼号，做了很多工作，希望清政府能够派遣留学生。他有一个好朋友，后来做到江苏巡抚的丁日昌，通过他，容闳认识了曾国藩和李鸿章。后来经过多方努力，从 1872 年 10 月开始，中国清政府就向美国派遣少年留学生，最大的十五六岁，小的也有 10 岁左右，分 4 拨，一共派遣了 120 人到美国留学，这是中国的第一批留学生。

这批学生出去了以后，清政府内部出了一些问题，当时有一些留学生学完了，有一些还没有学完。他们是 1872 年去的，到了 1881 年的秋天，这 4 批留学生被全部遣返回国，差不多一共有 10 年。有一些年龄比较大的孩子，只有两三个人从美国的大学毕业，像詹天佑也是从耶鲁大学毕业的。多数人虽然没有把本科修完，但在中等专业学校也学习了不少东西。

这些人回国以后起的作用很大，在辛亥革命前后他们或成为商界、教育界的知名人物，或成为工厂、铁路、矿山、建筑等部门的技术骨干。其中比较出名的像唐绍仪出任了总理；梁诚出任了驻美公使；唐国安筹建了清华学堂。100 多人回国之后最多的是搞技术，有 60 多人。刚才提到詹天佑大家都知道，他最大的成就是设计了全长约 200 公里的京张铁路。当时中国经济落后，技术条件很差，修这么一条铁路连外国人都不敢想。要架桥，还要搞许多隧道，非常复杂。所以有人把他设计的这条铁路跟万里长城相比，可见这条铁路的重要性和詹天佑的巨大影响。

这批留美学生回来以后对中国各个方面影响都很大，但是这就是中国留学史上浓墨重彩的一笔。

1901 年的时候清政府跟英、美、俄、日、德等 14 国代表在北京签订了一个丧权辱国的条约——《辛丑条约》。在此之前1895 年李鸿章代表清政府跟日本订立了《马关条约》，赔偿 2 亿两白银，另外把台湾、澎湖列岛割让给日本。可是《辛丑条约》对中国的压力更大，我们赔了多少钱？赔这些国家四万万五千万两白银，什么意思？就是每一个中国人要赔一两银子，他们故意搞了这个数字，所以我们更加强调是"丧权辱国"。

《辛丑条约》规定赔偿的四万万五千万两白银马上给日本是不可能的，国库没有这么多银子，当时规定 39 年还清，加上利息又将近多了 1 倍。所以后来的中国变成半殖民地半封建社会。但是美国政府当时有一个考虑——从其长远利益考虑，准备把一部分赔款退还给中国，这就是"庚子赔款"。用这笔赔款筹办了清华大学，还资助了很多中国人到美国留学。

清华大学最早叫留美预备学校，我们只知道北京有一个，其实在开封也有一所用庚子赔款办的留美预备学校，现在叫河南大学，它也送了一些学生出去。仅仅清华的这个留美预备学校后来就送了 1000 多人去美国留学，很多人回国以后变成中国现代科学的中坚力量。比如茅以升，他主持修建了武汉长江大桥。另外他还写了很多科普文章，如《桥话》，专门讲桥的故事、桥的历史、桥的建造，后来在报纸、杂志上连载，毛主席也看了。另外像侯德榜、裴昌运、廖世承、胡适、赵元任、傅斯年，这些都是各行各业的精英。胡适是中国人到美国留学拿的荣誉博士最多的一位——37 个荣誉博士。赵元任先生是在我们历史上少有的几个在语言学研究领域的天才人物之一。傅斯年也很有名，他搞历史研究。另外还有周培源、梁思成、汤用彤、杨石先等。

在中国留学史上，另外一个重大事件就是留法勤工俭学。当时清政府除了派遣幼童到美国留学以外，还派了一些人到欧洲。留学法国虽然是民间组织的，但是对中国影响比较大。当时由蔡元培、吴玉章等发起了一个"留法俭学会"。蔡元培大家知道，过去做教育总长，做了很长时间的北大校长，1940 年他去世的时候毛主席题了字，给他很高的评价，说他是"学界泰斗，人世楷模"。吴玉章先生在新中国成立后做了很长时间的中国人民大学的校长。1912 年开始筹备到法国留学，在 1917 年以后比较多的人去法国留学了。这一波正赶上了中国的新文化运动和五四运动。我们党的很多早期领导人都是留法勤工俭学的。

我现在对百年留学史最后再讲一点，即改革开放 40 多年来的留学情况，特别是留学美国的情况。

大家知道在粉碎"四人帮"以后，当时我们国家百废待兴，任务很艰巨。邓小平同志复出以后首先抓经济，但是对文化、科技、教育等领域也没有放松。1978 年开了一个全国科技大会，提出要尽快把科技抓上去。另外，邓小平同志做的另一个非常重要的工作就是 1977 年恢复的全国统一高考。

全国统一高考我们已经搞了 40 多年。40 多年来我们虽然在应试教育方面不断地改革，但是大家看到我们有很多教育界的人士及其他有关人士对此有不少严厉的批评。我个人是这样看的，就是在当时的情况下，在中国经济那么紧缺人才的时候，这个应试教育、这个全国统考是很必需的，如果不大批量地"复制"

人才，怎么能满足各行各业的需求呢？我们 40 多年来经济的腾飞，我们取得了这么大的成就，无论在哪一个方面都是很了不起的，所以我们对应试教育还是要首先给予肯定的。但是它也有一些不足，非常需要改进。下面我们会具体地通过跟国外教育的比较来说这个问题。

一方面抓了高考，另一方面留学的问题邓小平同志也很重视，因为粉碎"四人帮"以后，我们跟美国还没有建交，1979 年才跟美国建交，1978 年 7 月的一天邓小平同志会见了美国卡特总统的科学顾问弗兰克·普雷斯博士，问他中国能不能派留学生到美国。普雷斯博士就问邓小平同志想派多少人。因为如果人少他就可以当家，他是总统的顾问。但是邓小平同志开口说我们想派 5000 人，这个数字超出他的权限了，所以他不能讲行还是不行，他要向总统请示。当时是美国东部时间凌晨三点，他想了一下，因为事关重大，还是要打扰一下总统，他就拨通了电话。开始卡特吓了一跳，以为他到中国出了什么问题，后来一听是这个事就放心了。他说中国政府想派 5000 人到美国留学，卡特说 10 万人都可以。这一来中美的交流就打开了。在 20 世纪 80 年代以后，我们第一批派到美国的留学人员只有 52 个人，都是公费，后来教育部才批准搞自费留学。这些人回来以后也成为骨干。

留学苏联的情况也简单提一句。大家知道 1925 年孙中山去世的时候，苏联共产党为了纪念这位中国革命的先行者，在莫斯科成立了一所大学，叫"中山大学"，专门安排我们党派去的很多留学生。

他山之石，可以攻玉

改革开放以来，每年我国都有成千上万的学生出国留学，仅在美国的 100 多万名留学生中，中国人差不多就占了 1/3 左右。近年来还呈现了留学生低龄化的趋势，不少家庭还未等孩子高中毕业就送到国外留学了（当然，这里也产生了不少问题）。为什么会有这么多人出国留学呢？刚才讲了我们应试教育也有不足之处，主要就是对专业研究得很深，但是创新的思维比较弱。另外和别人的交际也有限制。我们的教学是老师讲，学生听，不是师生互动。特别是对研究生，我们的讲法也比较古板，自己准备一套，或者开一些书单让学生学，学生有问题课后也会提，但是互动不够。发达国家的教育确实有很多地方是值得我们研究和学习的。

他们实行的是标准化考试，像英联邦系统的雅思考试每年可以考很多次，美国的托福、SAT 也是这样，可以考很多次，你可以选一个最高分。平时的课程学习很重要，高中三年或者四年的学习很重要，这就是要看你到底基础怎么样。所以这些方面我觉得是值得我们研究的。最重要的他山之石，我想谈两点。

第一点，美国大学的通识教育特别厉害。我现在举一个哈佛大学的例子，他们是怎么搞通识教育的。美国的很多大学不是高中毕业生选一个专业就定了终身，特别是到了综合性大学，你去了以后一、二年级是不分文理的，一些课都要上，文科也要上数学、物理等课；理科生也要学逻辑、美学这一类，就是让学生的知识比较全面一点。哈佛大学为了搞通识教育成立了一个委员会，首先用两三年的时间把教学体系架构搞起来，这是它首先做的。然后它又经过 50 年的时间实践，相对来讲经验是比较成熟的，它可以给全校学生开 87 门选修课程，比如美国诗歌、中国故事、《神曲》中的宇宙、古希腊神话英雄、什么是革命、能源与环境、全球化与经济发展、世界战争与全球变革，等等。此外还有很多很专业的题目、课程，可以让学生自己来选。这样一来每个学生不是被动地学习，而是积极投入，所以他们的大学生还是很勤苦的。所有学生一入学就有机会接触很多前沿课题，无论是科技的、政治的、经济的，都会在大学里作为热门问题来研究；我们有一些大学课程往往比较滞后。我们大学里上的课，那些前沿的东西比较少。但是国外大学采取这样一个办法，就是调动全校的资源，让全社会（包括研究机构、企业等）都来重视，这样教学质量不就上去了吗？这一点我觉得很值得我们研究。

第二点，就是对待科学研究中的"适用"问题的态度。这个事情太重要了，因为我们一谈到科研，首先讲适用性，这个没错。但是如果我们仅仅是为了解决这些实际的问题而办一个大学，那有企业就可以了，还要大学干什么。大学就要研究一些今天看来无用，可能以后的用处不可估量的东西，所谓"无用之用"。

这个问题美国大学有一些做法，我们可以参考。美国名校普林斯顿大学有一个医生赚了很多钱，他就成立了"普林斯顿高等研究院"，这个研究院干什么？专门干这种"无用"之研究，就是请那些科学家来研究。他们成立得很早，这个研究院成立以后，正好在 1933 年的时候碰到了爱因斯坦正在普林斯顿避难，因为那个时候德国开始迫害犹太人，他就跑到美国去了。这个研究所的所长就遇到了爱因斯坦，就问他我们想请你来研究。爱因斯坦当然很乐意了，因为他正好在那里避难。爱因斯坦提了两个条件：第一个条件是他要带助手，因为研究工作需要团队；第二个要求他希望他的年薪不少于 3000 美元（当时来讲 3000 美元也不少了）。他看院长没有回答，又退了一点，说略微降一点也无所谓，他愿意参加研究。这个院长给他的回答是这样的：第一条没问题，你团队都来；第二条你的年薪不是 3000 美元，而是 1.6 万美元，连爱因斯坦都吓了一跳，当时的 1.6 万美元是非常高的。给他具体的什么任务呢？没有。可以看到他们大学不像我们的人学往往规定老师每年要写多少篇论文。规定了论文的数量，质量能保证吗？教师也许可以搞出来，有什么意义呢？所以这里面就有对高等学校的管理的问题。

上面提到的普林斯顿大学的高等研究院，还给哈佛大学一个教授——也是很有名的一个专家，也发了聘书，请他加盟。这个研究院很会做工作，先寄钱给他，说这就是你本月的薪金，请你到我们这里研究。哈佛大学的这位教授也是感到受宠若惊：人还没到，工资寄来了！他马上写信问去了需要完成什么任务？结果这个院长回答他："普林斯顿大学建的研究院没有任务，只有机会。"所以这里就涉及怎么解决适用或者暂时无用的问题，这是需要研究的。

诺贝尔科学奖的获得者杨振宁博士也曾在普林斯顿大学高等研究院待了 17 年。据他介绍，这个赫赫有名的研究院规模并不大，没有本科生，只有 300 多名博士生及数十名教授。这个研究院的院长后来专门写了一篇文章来解释他为什么要奉行这样的一个研究宗旨，办这样的一个研究院。他在这篇文章中在谈到"无用之用"时说："一首诗、一幅画、一部交响曲、一条数学公理、一个崭新的科学发现，这些成就本身就是大学、学院、研究机构存在的意义。"所以他认为："不要过于关注实用性的概念。"

还有一个例子。这位院长曾经见到当时的摄影之父伊斯曼（柯达公司的创始人），当时他也在美国，已经 72 岁了。这个院长碰到他，后来他们两个聊了一会儿天。院长问他："你最崇拜的伟人是谁啊？是哪个科学家？"伊斯曼就提到马可尼，因为这个人发明了无线电通信，而且在 1909 年获得诺贝尔奖。可是这位研究院院长认为马可尼没有什么了不得，因为他的这套技术不是原创，只是他很聪明把原理转变成技术。提到其中的原理是在他之前好多年的麦克斯韦教授发明的。所以真正伟大的不是马可尼，而是麦克斯韦教授，没有马可尼，什么张可尼、李可尼都可能出现，但是没有麦克斯韦，无线电通信永远不可能成功。

其实，科学是人类最伟大的"无用之用"。表面上没用，其基本动机不是为谁，而是出于一种好奇心。我们很多科学家开始研究时，都是由于好奇，然后开始了对世界奥秘的探讨。美国大学也有一个机构很有意思，它专门把人们研究的成果或原理转化成实用的东西。作为研究者你不用操心，你开始研究就可以了，也可能你的研究 3 年、5 年、10 年、8 年，甚至 20 年没有成就，这个不奇怪，可以继续推进，有一些成果要几代人才会出现，如果你没有这个眼光，那就不行了，因为这个世界的奥秘和人生的短暂是一个尖锐的矛盾。

我们国家现在对科技很重视，我们现在正大踏步地前进。中国完全可以避免中等收入的陷阱。从近现代历史来看，很多国家，像德国、意大利等，战败后能很快就恢复，为什么？有工业基础、有科技。日本也是这样，1945 年战败，但很快恢复。所以如果搞农业，是很慢的，必须从高度的工业、从科技发展这个角度来做。而且我们的思维也要改变，过去我们可以加个班，多花一点力气就可以了。但现在不行，现在我们得加快速度。

从应试教育到素质教育和精英教育的探索

我们办了深圳国际预科学院，我们为什么要办这个学校？主要是因为我们想探讨从应试教育到素质教育和精英教育中间有没有可以打通之处。我们探索了 15 年，有一些新的体会。我们今年的学生在赴美的申请中在全市是最好的，我们有的同学拿到芝加哥大学的录取通知书，很多同学都拿到了美国一流大学的录取通知书。更重要的是我们的学生到了美国以后非常适应，快速发展。我们 2013 年毕业的学生，在读完 4 年本科以后，他们把捷报传回本院，有一个蔡同学已经被哈佛大学的研究生院录取，还有一个杨同学被斯坦福大学的研究生院录取，另外一个郭同学被哥伦比亚大学研究生院录取。他们为什么在国外学得如鱼得水，很有成就？我们在办学中间有三点体会。

第一点，我们的校训刚才我提到了："融汇中西，坐言起行"，要在"行"字上下功夫。大家看到很多国际学校的教学理念、办学宗旨都很好，但是没有落实，这是我们注意去克服的，就是一定要落实。

我举一个小例子，我们都讲美国的学校小学和幼儿园是以玩为主，这个话没错，他们的幼儿园、小学到初中，确实是以玩为主。但是他们有一点特别厉害，就是阅读。虽然他们是以玩为主，但是阅读不能少。在办学中我们跟家长联系也是这样说。培养人才光靠学校不行，要家长、学校、社会、本人四种教育全部综合在一起，才能培养人才。

作为家长，如果你每天陪孩子半个小时就不错了。学校老师除了开书单，也要陪着学生或者指导学生阅读。大家知道，我们现在所谓语文难度加深，就是阅读难了，国外历来如此，你看SAT综合考试每一次都是阅读量加深，所以阅读是特别重要的。

美国把阅读上升到法律的层面，在很多文件中都有规定，特别是有一个文件宗旨就是不能让一个孩子掉队，更明确提出了阅读的要求，无论家长还是学校都不能忽视。

我给你看几个数字。西方是 6 ~ 9 个月开始阅读，中国是 2 ~ 3 岁；美国是 4 岁独立自主大量阅读，中国要到 8 岁；美国 6 ~ 17 岁的孩子平均一年的阅读量是 42 本书。美国有一个幼儿园孩子入园的时候就发了一个信函给家长，这个信函的标题是"关于十个为你的孩子朗读的理由"，理由包括增加孩子的自信心，增加孩子的知识，父母和子女的沟通，等等。所以我们也要抓阅读。

第二点，我们的校训一个是"融汇中西"，另一个是"坐言起行"，西方的要搞，我们中华文化的根更不能丢。我们编了一套中文教学书，作为国际学校我院目前填补了空白。我们编的这套"中华国学精粹"，7 本，200 万字。因为中国文化丢了以后不得了，很多有成就的人都是有深厚的中国文化的根基的。

关于中国文化我还想讲一个例子。大家知道 1959 年有向国庆 10 周年献礼而建的几个重大项目，北京有一个著名的项目叫"人民大会堂"，这个大会堂的建设为后来培养了很多人，像李瑞环、张百发。这个项目是梁思成等国内建筑界的顶尖人物主持的。他们在设计中发现了一个问题。毛主席在延安开会的时候讲要搞一个万人大礼堂，因为那时候延安只能容纳 200 人、300 人。这个万人大礼堂肯定要又高又大、房间又多，这是肯定的。

但是面临了一个问题，什么问题呢？人进去以后会显得很渺小，这个问题怎么办？他们苦思冥想没有想出好主意。正好周恩来总理去检查工作，他们就把这个问题抛给了总理，总理沉思了一会儿，念了两句唐诗，就是王勃的《滕王阁序》里的两句话，"落霞与孤鹜齐飞，秋水共长天一色"，给设计人民大会堂的专家参考。什么意思呢？总理就等于告诉他们：想一想在大海之边，一个人感觉到渺小吗？不会，只会感到心旷神怡。人民大会堂能不能按这个精神来搞呢？当然可以，就是用拱形的顶，不要搞那么多接头，不要搞那么多啰啰唆唆的东西，那些东西一进来人就渺小了。他们还有一系列的措施。没想到还有总理这样高明的指导意见，这也是中国文化的魅力。

第三点，唤醒。我们过去认为老师教学生都是要通过灌输的，这也是对的。但是如果灌不进去怎么办呢？就麻烦了，有的学生不行，听不进去。我们要求老师在教法上要能"唤醒"学生。其实，这个"唤醒"原是古希腊的时候苏格拉底提出来的，美国的学校很看重。什么意思呢？就是每个学生都是优秀的，"人皆可以为尧舜"。我们要有这个观念，要打开每一个学生的天窗。

虽然人们在自己的人生经历中会遇到大风大浪，急流险滩，也可能很多人的成就已经光辉照人，但我们仍然希望你"归来仍是少年"，我想把这人生的最高境界献给大家。

做智慧父母，让孩子更优秀

周运清

周运清

　　武汉大学社会学教授，中国社区事业发展协会专家组专家，全国家庭教育专家讲师团专家，新东方家庭教育指导中心特聘顾问，湖北省家庭教育研究会名誉会长，湖北省家庭教育报告团团长。曾任武汉大学社会学系主任，武汉大学法学院副院长，湖北省社会学学会会长。

　　各位家长，为什么要做智慧父母？我从"三难教育"说起。

　　教孩子很不容易，我把它叫"三难教育"，就是做父母难，做老师难，做孩子更难。正因为难，所以我今天特别和大家讲讲，只有做智慧父母，才可以把孩子教好。为什么要做智慧父母？我先讲三个观点供大家参考。

第一个观点，家长的格局决定孩子的结局。

近 20 多年来，教育孩子有两种潮流。一种潮流我叫"哈佛女孩刘亦婷"。刘亦婷考上哈佛之后，全国妇联组织刘亦婷的妈妈在全国各地做讲座，而且写成书，介绍刘亦婷的学习经验，鼓励家长教孩子认真读书、考大学，鼓励孩子通过学习知识，成就美好未来。20 多年来，凡是重视知识教育的家长，都引导孩子们下功夫读书、考大学，甚至出国。现在我们看到，这些孩子中，多数孩子在激烈竞争中处于强势状态，而且有的是国际型人才。另一种潮流，大家知道的，叫"造原子弹的不如卖茶叶蛋的"，认为读书无用。特别是农村，好多孩子初中没毕业就送去打工，两代人啊。现在的结果怎么样？多数孩子处于劣势。这是父母的格局决定孩子结局的经典作品。

根据我近 50 年对人才的研究，一个人成不成功，取决于四个条件：第一个条件，父母的格局和认知；第二个条件，父母和家庭的支持力度；第三个条件，孩子的格局和认识；第四个条件，孩子的努力程度。孩子的格局或者认识以及他的努力程度也是家长培养的，有什么样的家长，就培养出孩子什么样的格局来，所以这里的关键是家长的格局和支持力度。

直到现在，还有很多家长认为知识无用，读不读书没什么关系，打工赚钱就行。他们自己只顾打工赚钱，最后把孩子耽误了。所以说，养育孩子，不从家长开始教育不行，如果家长没认知、没格局，孩子成长的起点就低下。

第二个观点，孩子的健康成长是不能外包的。

现在的家长，有些就是甩手家长。孩子从上幼儿园、上小学，直到上中学，家长就拼命找好的学校、好的老师、好的辅导班，有的买学区房，以为这样做，孩子就成功了，这实际上是推卸责任。大家要知道，我把孩子送到幼儿园、送到学校，我是委托人，幼儿园、学校是受托单位，受托单位不应该也不可能负无限责任。孩子教育的主要责任永远是家长，如果家长把这一点忘了，孩子的未来就不好说了。

第三个观点，孩子健康成长，家庭、学校、社会"三位一体"，家庭是第一所学校，父母是第一任老师，家庭教育是基础。

孩子教育重在8岁之前，这是成长关键期问题，孩子8岁之前养育什么呢？一个人生下来只是一个动物，他要变成人，要具有人的资格，就必须具备这样一些素质，包括德性、品质、价值观、生活素质、学习素质。这五大素质，我称为做人的基本素质。前四个素质都是通过家庭共生养育的，学习素质重在家校共育，家庭教育要打好基础。比如说爱学习、勤奋学习等学习品质，就是以家庭培养为基础的，而且是在4岁前后。为什么强调8岁之前、4岁前后呢？有个研究结论还没有被突破。8岁之前儿童的大脑接近成年人大脑的80%，而人的某种品质就是在大脑成熟过程中同步养育的。8岁之后，有些品质如果之前不培养，就错过了关键期。

"三位一体"的教育，基础在家庭。比如德行，包括懂规矩、讲规矩、守规矩，行为自律。自律是德性的基本教育，德行教育的核心就是自律，就是管得住自己。像孩子学习不自觉的问题，到了10岁左右还不自觉，就不容易自觉了。三四岁的时候，要培养孩子的自律能力，该看书看书，该做作业做作业，坚持一段时间，孩子就自觉了。比如我在咨询中给一个家长提建议，他孩子做作业拖拉，我说很简单，孩子做作业之前把水喝好，该做的准备工作都做好，做作业期间家长不准干扰，就像考试一样，就像在考场，做完了就出来，不做完不准出来。训练几次，他就成功了。我们有的家长，孩子在做作业时，一会儿把门打开看一看，然后递点儿西瓜，递点儿苹果，就这么把规矩搞坏了。这就是德行养育问题。按规矩来，孩子成长就是健康的，否则成长不健康。

学校教育是什么呢？学校教育就是发展中的能力教育，它跟家庭的教育不同。比如说我会种田，但我种田的能力不是学校教育的，是家庭教育的。因为过去种田和家庭生活是一体的，这是农业社会的特点。我们中国农业文明简单重复几千年，就是这个道理。到了工业社会、知识社会之后，孩子的教育家长不会了，家长就送孩子出去学习，送到学校学那些已经发展的、家长不会教的知识和能力。中小学是打基础的。主要有三大基础：第一，读、写、算一类的文化基础；第二，数理化一类的自然科学基础；第三，孩子的学习能力和学习品质。这就是中小学的基础教育。孩子在小学，家长不要看重分数。大家知道，分数是考试做题的对错决定的，都对了就是 100 分，错了就扣分。如果小学生只懂对错，不懂为什么，到初中也不行。初中是重视方法教育的，如果孩子上小学不重视方法学习，到了初中以后，成绩就滑坡。中小学都要注重学习能力教育和学习品质养育。

大学学什么呢？读大学是在一个以上的专业领域、在人类最前沿水平上获得自己展现价值的能力。我们现在的孩子读大学，多数就是报个好专业，为的是将来好找工作。你们在深圳生活，处在改革发展最前沿，如果你们还这么看问题，那就不应该了。我们现在面临的是智能机器人取代职场人的时代，凡是规范化的职业都将被机器人取代。所以，家长的眼光很重要，如果你盲目攀比，别人学什么你学什么，别人培训什么你培训什么，搞得自已疲于奔命，搞得孩子怨声不断，有什么好结果呢？我们要认清问题，教孩子，如果家长不学习，家长认识上不去怎么行？不当智慧父母行吗？不行的。再说，"三位一体"的教育也从家庭开始。

社会教育，我归结为六个字三个能力。第一个叫沟通。你不会沟通，你跟孩子不会沟通，那关系就会紧张得不得了。夫妻问题的80%以上是因为双方不会沟通，亲子矛盾的90%以上是因为父母与子女不会沟通。作为党的基层干部，如果做群众工作你不会沟通，你能做好工作吗？作为单位领导，如果你不会沟通，单位能和谐吗？第二个叫融入。一个人要走到哪里都受欢迎，这是情商的核心能力。我们有的人，比如说有的博士后，尾巴翘上天，到单位以后，瞧不起领导、瞧不起同事，甚至闹得鸡犬不宁，那别人还支持他吗？一辈子都完蛋了。你的融入能力要强，这叫亲社会能力。第三个叫展现。你有几斤几两，你要做得出来，让别人看得见。过去说，是骡子是马拉出来遛遛，溜溜别人才知道你是骡子是马，假设你是量子卫星之父潘建伟的博士后，如果不给你一个平台，什么都没做出来，你一辈子就只是他的学生。如果给你一个好平台，你创造了成果，比你导师还强，全世界都知道中国出了潘建伟第二，那就不得了，资源就会向你集中，平台、影响会越来越厉害，这就是展现力的结果。

"三位一体"的教育也是从家庭教育开始的，社会教育从幼儿园时期就开始了。比如说，孩子在幼儿园见到小同学害怕，不敢说话，躲在母亲后面；孩子上了小学不敢举手，不敢大胆回答问题，不敢大胆提问，不敢和同学玩，融入能力哪里来，怎么展现，怎么沟通。我们有的孩子，上了大学都缺乏这些能力，所以说，要从小开始养育。家庭、学校、社会教育"三位一体"，基础教育在家庭。

接下来讲，做智慧父母要把握好四个教育要点。第一个要点，孩子健康成长不要输在家庭养育上。为什么？这是起跑线问题。现在没有几个家长搞清楚起跑线到底在哪里，包括部分老师也不清楚，以为孩子从小把知识底蕴搞扎实，起跑线就好了。我不反对你做这些事，但是起跑线不在这里。在哪里呢？我说两句话你们就知道了。第一句话是"条条大道通罗马"，这是你们都知道的；第二句话最重要，"有人出生就在罗马"，这就是起跑线。我从农村来，家里很穷，我的起跑线就是泥土地，因此我大学毕业之后衣食住行让我走弯路十多年。为什么呢？起跑线太差了。就像现在大学生毕业之后，有的家庭不但不能够支持，还让他反哺，给家里一些钱什么的，结果衣食住行、谈朋友，什么都是问题，因此搞十多年还在解决基本问题。有的人起跑线好啊，他一毕业就直奔事业而去，结果是不一样的。这还只是讲经济基础。至于家长的素质，有修养、有文化的，他引导孩子直奔最高平台；没修养、没有文化的，说不定毁掉孩子一生。这个就叫起跑线。起跑线的经典回答是，在家庭、家长、家风、家教。你希望孩子成为什么人，你自己应该是什么人。

第二个要点，要把握成长关键期。从幼儿园开始，就要放眼有效规避初二现象和初中风险。初二现象和初中风险是什么？核心问题是青春叛逆和两极分化。人生的分化就在初二前后，你要想不分化，你就要从幼儿园抓起，注重关键期养育。什么分化呢？一部分学生学习优秀，亲子关系和睦，热爱学习，健康成长；另一部分学生成绩滑坡，亲子冲突，厌学早恋，上网成瘾，自暴自弃，酗酒吸毒，离家出走，违法犯罪。所以你们要读懂，初二前后，这是人生分化的关键期，你到孩子上初中有问题了再着急，你哭都没眼泪了。怎么办？你要规避初中风险，就要从幼儿园开始，关键注意两方面的养育问题。第一是亲子情感不能出问题。只要亲子情深，青春期就没有逆反。亲子对抗，到青春期，进入初中了，你拼命管他，他又不听你的，你越管他越弹得高。第二是学习能力要强，成绩不能滑坡。成绩滑坡主要影响的是自信心，一个没有自信心的孩子，小升初之前就开始出问题，到了初中，心理品质出问题，进入青春期的时候，家庭亲子情感不好，亲子冲突，成绩下滑，他几乎没前途。如果成绩下滑，亲子关系好，那孩子还有个内在支撑，就会努力，还可以跟上，这两个问题都出问题就危险了。所以要从幼儿园开始做准备，4岁上下重德行、亲情和学习习惯养育。有效规避初中风险，德行是基础，亲情是纽带，学习是风向标。

第三个要点，父母重在身体力行。父母身体力行重在4~8岁。我给大家举个例子。初三的孩子，父母长期在外打工，孩子和爷爷奶奶生活，临考前三个月，父母亲回来了，在学校边上租个房子，给他做好吃的，天天守着他，守了一个星期，孩子不干了："你们平常在干什么？这个时候回来了，以前没有我，现在有我了，我不学了。"他跑了。你这个时候来管，还来得及吗？我在一个县做咨询，一个高中二年级的男孩子，长期和爷爷生活在一起，父母亲打工，常年不回家，这个孩子跟父母没感情。我咨询之前五个月，他母亲回家了，天天给他做好吃的，天天和他说话，孩子跟她一句话不说，母亲想不通，就带着孩子找我咨询。孩子跟我说："老师，你叫我妈妈先出去，我跟你说。"妈妈出去以后，你知道孩子说什么吗？他说："老师，我找不出任何一条理由，我为什么要和她亲近。"所以，我讲8岁之前的教育有多重要，亲情陪伴有多重要。一定要清楚，不要等孩子出了问题，解决不了啦，苦恼不堪。这时苦恼有什么用，都是因为你以前不懂，没做好。父亲陪伴好，母亲情绪好，是最好的家庭教育。

在家庭教育中，父母身体力行是最难的，为了孩子的健康成长，我们父母一定要从孩子小的时候就克服困难，做好自己，言传身教。我在调查孩子成长环境的时候发现，孩子们关注到的家长不良行为有 50 多种，排在前面的几种是：父母对孩子不尊重、不理解、不放手；父母用暴力语言伤害孩子；父母侵犯孩子隐私；父母包办替代；父母霸道不宽容；父母品行不端；父母不诚信，不负责任；家庭不和睦；父母睡懒觉，不爱做家务；父母不读书、不学习，就爱打麻将。这是孩子们说的，所以你想啊，家长的行为对孩子们的影响有多大。

第四个要点，父母一定要懂得给孩子一个安全、温馨幸福的家。做父母的，你不但要忙你的工作，更重要的是要经营一个安全幸福的家，使孩子心理有归属，有大本营，有安全感。比如说孩子得了 0 分，他怕回家，因为家里不安全，回来以后不知道父母会怎么处置他，这就叫没安全感。所以我在这里特别讲，父母给孩子的力量首先是心理安全，父母要做到，不管孩子在外面考多少分，回到家里永远有一盏灯为他亮着，永远有一杯水在等他，家是孩子的安全港湾。如果不这样，他就厌学早恋，甚至同性恋。我专门调查过早恋人群，他们主要出去找归属、找关爱、找安全，因为家里没关爱、没有安全感。

我跟同志们讲啊，中学生自杀的原因是什么。你们在电视上看到好多解读，其实根本原因不是那样的。我在研究中发现，孩子们说："当我们只剩下一个孤独的心的时候，我们怎么还活得下来？"在这种时候，任何一次批评都是孩子自杀的导火线。所以说一定要给孩子一个安全的、温馨的、幸福的家，让孩子有心灵归宿。

那么这个幸福的家是什么样呢？我想用这样几句话和大家一起学习："幸福不在于你房子有多大，而在于房子里的笑声有多甜；幸福不在于你开多豪华的车，而在于你开着车能平安地回家；幸福不在于你的儿女飞多高，而在于无论他们走多远你们之间都有挚爱亲情；幸福不在于你的爱人多酷多美，而在于爱人的笑容有多温馨；幸福不在于你权大钱多，而在于你深夜回家有一盏灯为你温暖心灵。"所以啊，人一定要懂得幸福是什么，然后一家人精心经营，共生共享。心灵有归属、有温暖，结果就不一样了。

做智慧父母要弘扬优良家风。好父亲可以用12个字概括："父爱如山，伟岸无言，身心陪伴。"现在的问题是，父亲陪伴严重缺位。我搞了将近40年家庭教育，做了1000多场家庭教育报告，基本都是母亲来听课。有一个很现实的描述：今天的孩子，基本上是妈妈生，姥姥养，爸爸抽空来欣赏。从幼儿园到小学，孩子都在过于女性化的环境中成长。如果父亲陪伴缺位，可能出现四个问题：第一个，孩子没有安全感；第二个，孩子学习没动力；第三个，孩子缺乏自信；第四个，孩子抗挫折和抗不良现象影响的能力差。父亲陪伴缺位的孩子，情绪不稳定，容易冲动，内心比较脆弱，容易激情犯罪。所以一个家庭的悲剧，往往从父亲不会好好陪伴孩子开始。

怎么陪伴？父亲要做好四件事，我叫四陪。第一件事，陪孩子娱玩聊天。父亲要跟孩子玩得来、聊得来。如果一个父亲和孩子玩不来、说不来，那这个培养就开始出问题了。这里培养什么呢？就是培养情感的。情感出问题了，教育就无效了。所以我们讲，不要让孩子的亲情感从我们的身边溜走，这是特别重要的。

第二件事，陪孩子做家务。男人一定要多顾家庭，多跟孩子一起做家务。这个做家务的功能很强。第一，帮妻子化解焦虑情绪，这是做丈夫的应该懂的。对孩子最好的爱就是关心孩子的母亲，做家务本身就是重要的关爱之一。第二，陪孩子做家务，这叫家庭共生。孩子是在生活中亲力亲为健康成长的。对孩子来讲，很多基本道理就在料理家务中理解了，孩子也会懂父亲、懂母亲。一个孩子如果没有家务生活的养育过程，是很难懂事的。

第三件事，陪孩子读书。请你们记住我下面说的数字。小学毕业之前，孩子必须读 500 万字以上的课外读物，初二之前再读 200 万字以上，如果你们的孩子初二之前能读 700 万字以上课外读物，那么你们的孩子从学习到做人基础都是扎实的。如果能读 1000 万字以上，你们的孩子一辈子优秀。我们不讲其他，就讲学习。初中以后，做数理化作业，读书多的孩子看懂一个题目只要 1～3 秒钟，读书少的孩子看懂一个题目 1～3 分钟还不一定行。至于课堂学习效果，那差别就更大了。课堂学习，主要是讲定理、原理的运用，讲规则、讲程序，这是孩子学习知识的高原，如果这个高原上不了，孩子只是中等生。定理、原理的应用是以大量的知识做基础的，读多了，孩子能理解，读少了听不懂、跟不上，只能死记硬背，基础知识不扎实。在这一点上，你们就能看到读书对学习的作用有多大，还不说你将来人文底蕴好。人文底蕴是干什么的呢？它是在一个人所做的一切中寻找和定义价值的能力，人文底蕴深厚的人，看未来的能力就特别强。有的孩子大学毕业了找朋友，什么男人好、什么女人好都搞不清楚，这就叫没文化。所以父母亲一定要陪孩子读书，不是孩子读，你玩手机，而是一起读，一起讨论，共读共享共同成长。

第四件事，陪孩子做公益活动。不要多，不要烂，一个月用一两个小时去做义工，例如，协助维持十字路口交通秩序。孩子做了几次之后，就知道什么人懂规矩，什么人不懂规矩，不懂规矩会怎么样，为什么要讲规矩。更重要的是，孩子能够历练与人沟通、融入社会和展现自己的能力，这是课本上学不到的。

请大家注意，以下6种父亲缺位对孩子的伤害最深、最大。一是只顾自己玩手机的父亲；二是下班后不爱做家务、影响家庭和睦的父亲；三是不愿陪孩子娱玩的父亲；四是事不关己、高高挂起的父亲；五是随便发脾气，拿孩子当出气筒的父亲；六是不读书、不学习、无担当的父亲。过去讲拼爹、拼权、拼钱，现在人们认识提高了，不是拼钱、拼权，而是拼父亲的责任担当，拼父亲的教育理念，拼父亲的亲情陪伴、高质量陪伴。

下面我讲如何做个好母亲。好母亲我用16个字概括："母爱如水，涓涓细流，知爱知教，润子无声"，关键在后面8个字。我们现在的母亲们，主要缺点集中在这样几个方面。

第一，有少数母亲特别强势，在家里，什么人、什么事都得听他的，于是这个家里完全没有民主，更没有温馨。

第二，母亲太唠叨。这很普遍，因为母亲很焦虑，焦虑的母亲特别容易唠叨，容易发脾气。我给大家说一个题外话，母亲的唠叨和脾气问题是文化问题，是修养问题。你们知道，壶小易热，量小易怒，心胸不开阔、不包容的母亲，脾气就大。如果你要学习好，懂得多，你就会欣赏多样性。一个欣赏多样性的母亲，她就没那么大脾气，她能包容。我们的孩子，在家里蹦蹦跳跳，这本来都是孩子的正常活动，但母亲一看就烦死了，还大吼大叫："跳来跳去，跳什么？跳得心烦！"她还发脾气了。其实孩子蹦蹦跳跳是很正常的，母亲就是不宽容，因为她太焦虑了，容不得人。

第三，也是最大的问题，好多母亲们实施的教育是打击式教育。什么叫打击式教育？就是用刺激的话说孩子。我们养育孩子的过程，是在孩子心里点亮一盏灯的过程，是使孩子心中有灯、有光、有希望、有未来的过程。打击式教育把孩子的灯浇灭了，灯灭了，孩子心中就没有灯，没有光，没有未来。一句话，心中没有能量。

我建议强势的妈妈、唠叨的妈妈、焦虑的妈妈、盲目攀比的妈妈、溺爱过度的妈妈、活在别人阴影下的妈妈，特别要学会管控自己的情绪，和孩子好好说话，给孩子温馨快乐。母亲一定要学会和孩子好好说话。

下面我讲做智慧父母要践行社会主义核心价值观，为孩子夯实成长基础。

现在有些孩子上网、玩手机成瘾，就是不爱上学，不爱读书，家长就怪网络、怪手机。其实，科技成果对人的影响叫工具性影响，只要人的基础素质好，所有这些工具都会变成一个人发展的手段，如果一个人的基本素质不好，这些工具可能使这个人陷入深渊，所以说基本素质比什么都重要。

我前面讲的家庭教育，主要就是指基础教育。有德行，就是讲规矩，懂规矩，守规矩；德行教育就是规矩教育。孩子刚一懂事就知道床上睡觉，桌上吃饭，厕所里拉屎拉尿，这就是最早的做人的规矩。然后，衣食住行，待人接物，一点一点，都看父亲母亲、爷爷奶奶怎么导向，导到哪里就是哪里。教育就在生活中，孩子要没有生活，很多规矩没见过，就根本不会懂规矩。

我们很多家庭是圈养孩子，孩子天天在做作业，而父母亲经历的很复杂甚至艰难困苦的生活，孩子根本不参与，结果孩子不懂生活的艰难困苦，不懂人情世故，不懂感恩，不懂尊师。比如，我在调查中看到，有的父母亲带孩子在城里生活，爷爷奶奶在农村。爷爷去世了，这个时候得去吊孝啊，结果他们的安排是，爸爸回去吊孝，母亲带着孩子坚持上学，学习是不能耽误的。这样教孩子，能教出好孩子来吗？这是圈养问题。

德行教育重在自律教育。我们所有人都要懂得自律。自律的孩子更优秀。可是有些家长自己没做到，还要孩子讲规矩，怎么可能啊！为什么孩子在学校不讲规矩，老师想批评不敢批评？管了、批评了，家长还要找老师算账，这就是家长的问题。所以自律教育要从小引导，在生活中感悟，父母言传身教。特别是孩子在学校受到批评，家长不要护短，一护短，孩子就可能出问题。

品质教育是什么？品质教育是指勇敢、勤奋、阳光、快乐、热情、宽厚、自信、坚定、珍重、奉献这一系列的优质心理资源和情商的养育。我们的孩子要从小培养一系列的品质，否则孩子走向社会以后做人就成大问题。

学业素质教育是家校共同的教育，最重要的是学业品质养育。我讲的学业品质，主要包括认知兴趣浓厚，求知欲旺盛，思维敏捷，有独创性，感知敏锐，观察力强，注意力集中，记忆力强，进取，自信，有韧性。

价值教育从家庭家风教育开始。价值教育即是非观教育，人生观、价值观和世界观教育。所有这些，都是在家庭家风教育中一点一滴积累的。前面提到的床上睡觉，是价值引导，不到处拉屎拉尿，是价值引导，讲规矩也是价值引导，责任与担当都是价值引导。我们一定要学会在一言一行上让社会的核心价值观落地在孩子基本素质的导向上。

践行社会主义核心价值观如何落实？落实在什么地方？

　　第一，爱心养育。有爱心、爱自己的孩子出类拔萃。爱自己爱什么？爱自己的生命。生命教育现在太肤浅，比如说小草是生命，猫狗都是生命，要爱护，这种教育太肤浅。生命是有责任、有担当、有价值的。中国人过去是怎么教育的？我们历来的优良价值观都是通过讲故事传递，因为多数人没有文化，对他们要用故事传递信息，一个故事一个价值观。比如孔融让梨是让孩子尊长；凿壁偷光是让孩子勤奋学习；岳母刺字是让孩子忠君报国。人是有价值的生命，所以，珍爱自己从珍爱自己的生命开始，生命是关系载体，爱自己是责任与担当的源泉。我们跟孩子不要讲那些大道理，要让孩子参与，比如外公病了，妈妈忙，爸爸也忙，这个时候带着孩子一起去守护外公，这事做多了他就懂得："我也是有价值的，外公要没有我参与陪护，家里玩不转，好多事情要一起做才成。"

　　第二，让孩子从小立志，放飞梦想。梦想是什么呢？梦想就是目标，一个人有目标就有动力，有动力就有努力，有努力就有未来。一个母亲跟我讲过，她的孩子上高中，成绩中等偏上，但就是不努力，完全没动力。我说他的目标不清楚，以为将来能考上大学就可以了，所以他觉得他能力已经够了，因此他就不努力了。这就是目标问题，他的目标不清楚，他就保持原来的水平，弄不好就下滑了。所以孩子从小就要有目标，这个目标是步步高的。

　　第三，爱心养育要解决"三独教育"和"八小问题"。"三独教育"就是我们有一些家庭是独生子女做家长，独生子女做老师，独生子女被圈养。有些家长是独生子女，而且是被娇惯成长的，是被圈养出来的，他们培养孩子，容易出"八小问题"。什么是"八小问题"呢？"八小问题"就是：第一，小霸王；第二，小懒虫；第三，小犟牛；第四，小依赖；第五，小马虎；第六，小野蛮；第七，小散漫；第八，小磨蹭。

孩子的"八小问题"如果带进小学、带进初中，麻烦就来了。初中的学习和小学的学习差距很大，小学主要是语文、数学、外语；初中有9门主课。孩子小时候小磨蹭、小散漫、小依赖，到了初中上课就跟不上，做作业跟不上，成绩就必然跟不上。所以"八小问题"一般从幼儿开始防止。我前面讲，要从幼儿园开始为规避初中风险做准备，至少这"八小问题"不能养成，"八小问题"养成了，小学学习就出问题。我们好多孩子，做作业磨蹭得不得了，这是从幼儿园开始养成的不良习惯。现在，好多家长拿孩子磨蹭没办法。爱心养育不能光讲道理，要从解决问题开始，这些问题要是不解决，孩子不可能养育爱心。

第四，爱心养育要落实在"四大习惯"和"三大能力"培养上。这里特别强调的是三大能力，生活上的自理能力、行为上的自控能力、学习上的自立能力。这些在小升初之前一定要养成。孩子生活上不能自理，本身好多东西根本不会，过日子就困难。现在有的家长说，孩子自己的事情自己做，我说不对，这是落后的，要一家人的事大家做，这叫家庭共生。

做智慧父母要引导孩子养成高质量学习的习惯。孩子健康成长，德行是基础，情感是纽带，学习是风向标，我们要大胆讲学习。学习好坏对孩子的重大影响是影响自信心。自信从哪里来？自信心来自成就感，不是来自说教。比如你做生意、经商，一天赚100万元，你会非常自信，认为自己就是经商的料；如果你一天赔10万元，你肯定灰心，认为自己不是做生意的料。人的自信心不是说教培育的，而是成就养育的。如果孩子的成绩好，他就充满自信，成绩不好，他就不自信。

为什么有些孩子成绩不好呢？因为低质量学习。什么叫低质量学习？低质量学习有九大陷阱：学习无计划，课前不预习，复习死记硬背，不懂和不会补漏纠错，搞疲劳战术，做作业只讲数量不讲质量，过度依赖辅导班和辅导老师，不读或很少读课外读物，重结果不重过程。

如何高质量学习呢？给大家几条建议。

第一个建议，高质量学习从阅读开始。学生要养成爱读书、读好书的习惯。为什么要读书？理由很多。苏霍姆林斯基说：一个真正的人，应当在灵魂深处有一份精神保障。为什么是这样的呢？书籍是历史的见证，是文化的复兴，是心灵的钟声，是宇宙的精神，所以它的力量无穷。古人也说了很多，西汉文学家刘向就讲："书犹药也，善读之可以医愚。"现在大家应该看到，世界已经开始惩罚不读书的人了。所以我们要赶快补课。从小学到高考之前，一个人如果只是围着课本转，大脑和天赋就会被饿死。有人说现在的孩子读书太苦，我要说，你不吃苦，能读万卷书吗？读万卷书，行万里路。家长和孩子都要赶快补课。

第二个建议，高质量学习要坚持问题导向，根据计划学习。建议围绕三个"清不清"，有计划地学习，补短板。学习要有计划，做计划就要在三个"清不清"上下功夫。这三个"清不清"是什么呢？是：表述清不清，情景清不清，知识清不清。

表述清不清，就是你看待一个问题，遇到一个题目，想得清楚不清楚，说得清楚不清楚，写得清楚不清楚。如果不清楚，你就做计划，补课，做到会想、会说、会写。

情景清不清，就是你能不能看懂问题或题目。

知识清不清，就是你的知识基础扎实不扎实，知识学习是不是达标了。怎么知道孩子知识清不清呢？让孩子通过做作业检验。具体办法就是以作业题为导向，看到题目首先想，这个题目在哪一页？接着想，与这个题目相关的概念、定理是怎么讲的？接下来想，与这个题目相关的定理、原理是怎么用的？再接下来想，这个定理或原理的解题规则、程序是什么？最后想，这个题目的解题方向是什么，是一元还是多元？哪一点不清，赶快看书、回忆和复习，同时记笔记，然后再做作业。孩子做作业，只讲数量不讲质量，这是低质量学习。孩子回家要先复习，后做作业，以作业题为导向，看问题是不是都解决了。即使有一个没解决，也要赶快复习，这就叫高质量学习。

第三个建议，高质量学习要学会补漏纠错强基础。学生从小学一年级到高考，基本学习方法就是补漏纠错。何为补漏纠错？你要是病了或者有事请假一天没听课，漏掉的知识要及时补回来；如果做作业或者回答问题，出错的知识点要及时纠正，这就是补漏纠错。只有及时解决问题，知识基础才能扎实，学习才能跟得上趟。如果基础不扎实，学习就会掉队，学习一掉队，孩子就没有自信了，没有自信以后更不想学，一旦不想学，那后面就出问题了，所以补漏纠错是特别重要的。

怎么做呢？最好的方法就是用错题本。那么这个错题本怎么用呢？我相信你们有的孩子已经用上了，但是，要用好错题本，必须注意以下方面。错题本的第一部分是错题的原题；第二部分是错的原因，比如某个题是因为自己粗心，或者基础知识不懂，或者是题目没看懂，是什么原因要写上去；第三部分是正确的修改；第四部分是归纳提醒，就是总结；第五部分是对这个错题的复习。为什么要复习呢？因为孩子容易错的地方是其个性的问题，孩子可能经常会在这方面出错误，只有经常复习，孩子才能足够重视，进而解决。

第四个建议，高质量学习要养成自觉预习的习惯，提升课堂学习质量。预习是知识学习的先导环节，预习的目的就是提升课堂学习质量。如果课堂学习质量不高，知识的高原你就上不去。预习干些什么呢？主要是三条，哪些知识和过去有联系，哪些知识是新的，哪些知识是难点。最好做批注，把它们都写出来。如果每门课程每天学习前都是这么批注的，学生就对所学知识熟悉了，课堂上的学习就非常主动。如果不做课前预习，学生就会因不了解相关知识而不主动，课堂上就找不到门道，抓不住关键，学习就会慢半拍或更多，于是，就落后了。

第五个建议，高质量学习要学会用思维导图引导复习，梳理知识。复习是落实知识的环节，但落实知识不是背，背下来的知识，一个月之后，可能忘却将近 80%。那该怎么做呢？要学会梳理知识，把它变成系统。学会用思维导图。网上关于思维导图讲得很多。思维导图能使重点突出，主题明确，条理清晰，层次分明，而且使知识形成了网络。

有效复习有四大途径，建议大家帮助孩子读懂、用好和用活。第一，放学以后先回忆，今天课堂上讲了什么，书上讲了什么，老师讲了什么。第二，如果有回忆不清的知识，赶快看书、补课，重点要记下来。第三，整理笔记，按照五个方面整理。第四，在这个基础上再读书，扩展知识面。这就是最好的复习途径。

第六个建议，高质量学习要养成做作业的好习惯，提高解题和考试能力。做作业的核心价值是检验并完善知识学习和提高解题与考试能力，这个认识不到位，做作业只能成为孩子的负担。

接下来，我要特别讲考试能力。知识社会就是考试社会，为什么呢？各行各业都是有专业的，有专业的行业你就不是随便可以去的，你要进门就得考，比如考公务员，其中有很多具体要求，你不会考就上不去。对一个孩子来讲，考试能力强，能让他/她获得更好的学习、工作资源。

做作业要养成四大习惯：第一是不复习不做作业，先复习后做作业，这是一个习惯；第二是不计时不做作业，学生要把计时和守时当作规则，能把握时间的人，才能把握未来；第三是不检查不做作业，作业做完自己检查，注重细节；第四是不小结不做作业，要对自己的难题和容易的题目做总结，经常总结，起点就高了。

讲到这里，我还特别推荐家长朋友们引导孩子用"1×4"解题法，帮助孩子克服难题、怪题。孩子们都怕难题、怪题，因为难题、怪题一般包含两个以上的知识点或者两种以上的知识联系。孩子们平常做作业都是基于一元思维，而难题、怪题需要多元思维。用一元思维的习惯面对多元题目，只想一个结论，那就有问题，所以用"1×4"解题法就可以打破一元思维。"1×4"是什么意思呢？就是看到题目以后，第一判定解决方向是一元还是多元；第二确定知识点和知识联系，是一个还是多个；第三按照一元和多元方向自己出题，看看能出多少个；第四按照多个方向，一题多解。这样做，孩子就会养成一种习惯，见到题目会突破一元思维，寻找知识点和知识联系，学习起点就高了。

做智慧父母需要好好读书。按现在的预期寿命，一个人大概有60多年的时间扮演父亲或母亲的角色。但是，我们用多少时间来学习呢？我经常讲，在农村，养鸡养鸭都讲科学，我们很多养人的人不学习。我建议做智慧父母要好好读书，为什么？我用我一生的体会跟朋友们讲读书四个目标：第一，寻找高人，做高质量的父母；第二，寻找智慧，医治自己的愚昧；第三，身体力行，为孩子养成良好读书习惯带个头；第四，积累文化和社会资本，为孩子夯实基础，为子孙积福。

有人问我，教孩子这么复杂，有没有简单的办法？我说有，对孩子，你不要想多了，不要管多了，你若盛开，蝴蝶自来，做好自己，一切美好都会随之而来。祝愿大家成功！

此情可待成追忆

——我的排球人生

张　萍

张　萍 ✏

　　女排黄金一代成员，中国女排、天津女排前主力副攻，曾参加天津队包揽国内所有比赛冠军，参加国家队获得世界女排大奖赛、亚锦赛、亚运会、世界杯和雅典奥运会冠军等。

　　我是一个在普通家庭长大的孩子，我的母亲是幼儿园老师，父亲是排球体校的教练。父亲年轻时由于各种原因没能进入男排专业队，他希望我能继承他的梦想。

　　上小学的时候，由于受父亲的熏陶，我是一个喜爱运动、爱打

215

排球的孩子。当时我参加了小学的排球校队。那时候的我对排球没有什么了解，只是觉得可以提前下课，可以和小伙伴们一块去玩。

小学毕业的时候我并没有身高优势，父亲觉得矮个子是没有机会打到高水平的，学习成绩不错的我进入天津市第四十二中学，暂时告别了排球运动，后被选入田径队，练习投掷项目标枪、铁饼和铅球。

到了初中二年级我的身高长到 1.85 米，父亲还是觉得排球更适合我，我转学到了天津市体育运动技术学校继续学习排球技术。我们那时候是半天的训练，半天的文化课。由于暂停了大概 3 年的排球训练，我的排球技术还停留在小学阶段的基础水平，而我体校的队友们发、拦、扣、传、防守、倒地救球，已经什么都会了。妈妈鼓励我说：人家练 10 个，你要练 20 个才行，笨鸟要先飞，既然咱们比人家起步晚，就更要抓紧时间，用你的实际行动，用你的运动成绩，才能让大家对你刮目相看！

当时的训练是冬练三九，夏练三伏。因为要学习侧滚翻倒地救球，大胯和后背都被磨破了，每天早上起来我的床单就会和我的大胯黏在一起，慢慢地揭开也会再次流血。虽然辛苦，但我很开心，也不敢跟父母说这些，怕他们不让我练了。那时，我对排球这个项目越来越有兴趣，但当时对中国女排、女排精神很陌生，还处于很懵懂的状态。

之后，经过层层选拔到了天津队。当时跟天津队老队员打球觉得她们好厉害，每个人都技艺超群。那时候跟我一起进天津队的体校队友都有机会出去比赛，但我没有，我爸爸就每天在我训练课结束后带着我去加练，帮我熟练技术和增强体能。

排球制度改革后有了一个新的位置叫"自由人"，这才有了我真正上场的机会。

开始参加比赛后，放假对我来说就成了一件奢侈的事情，中国的很多运动员，春节都是跟队友和教练一起度过的。记得每年的排球联赛都是从冬天开始一直打到春天结束，很多次都是在大年初二我登上了火车去客场比赛。

我小有名气以后开始有记者采访。记者问："张萍您好，请问今天您觉得发挥得怎么样？"不知所措，害怕镜头的我说："挺好。"然后记者又追问："那您觉得对手打得怎么样？"我说："也挺好。"然后赶快离开这尴尬的场面。真的太害羞了，不知道怎么面对镜头回答问题。有球迷过来找我签名，我耳边传来依旧是质疑的声音："呦，还签名，会写字吗！"我暗下决心，一定好好努力，证明给你们看。

接下来很荣幸入选国家青年队，这是我第一次穿着有国旗标志的衣服，代表国家去参加国际大赛，我的心情真的是无比激动，能为国家争光，让其他国家的人向中国国旗行注目礼是我最大的信念，也是我立志要进入国家队的原动力。

国家青年队队员的下一个目标就是入选国家队。2002 年由于在联赛中优异的表现，我入选国家集训队。集训的第一天我们对着国旗宣誓：志愿加入中国女排，成为中国女排的一员，继承和发扬老女排精神。就在那个瞬间，我对老女排的崇敬之情油然而生；也突然觉得之前女排精神落在了我们这届新女排队员的肩上。我暗暗告诉自己，一定要加倍努力，用成绩捍卫这个神圣的集体，致敬老女排树立的精神旗帜。

国家队每天至少 8 个小时的高强度训练，那时候也是为了备战 2003 年世界杯。陈导对我们要求非常严格，他经常说：你们是我带过的身体条件最差的一批，不刻苦训练，我们靠什么赢比赛。每天训练都加班加点，有一次陈导不满意我们的表现，就让我们一直加练，从下午 1 点练到晚上的 7 点。助理教练在下课之后对我们说：我站在旁边看你们训练，眼前直发黑，你们竟然能坚持高强度训练这么久。

还有一次我们训练没有达到陈导的要求，练了 3 个小时才让我们休息喝水。夏天没有空调，汗流浃背的我们要准备好几套衣服，不然每次倒地救球都会在地上留下长长的水印，踩到了就有可能滑倒受伤。而且每个球我们都要喊加油，给自己和队友鼓劲，嗓子也喊哑了，感觉自己的喉咙像在沙漠里，身体像在蒸箱里。

其实教练们也非常辛苦，防守训练要求起 20 个好球，可教练大概要扣 40 个好球以上，才可能让我们起 20 个好球。基本上是每人三组起步，封闭训练的时候大概我们有 20 个队员，训练后教练还要做一些技术的分析，看录像，准备开会的资料，根据队员的表现制订第二天的训练计划。

陈导也非常注重我们的意志品质和团队精神的训练。我们在湖南郴州集训的时候，有一个山叫苏仙岭，虽然不高，海拔只有 500 多米，但有 1760 多个陡峭湿滑的台阶。一开始陈导说：咱们周日上午去爬山。所有人都很开心，心想终于可以放松一下啦！可到了之后陈导说：今天全队要在 25 分钟之内到达山顶，如果有一个人掉队，所有人重新再爬一遍。因为是周日还有很多游客也来爬山，"让一下，过一下"，我们就这样连喊带吆喝地往上爬，爬得快的人还要折返回去，连推带扛地把后面爬得慢的队员弄到山顶。

这就是我们的训练，时刻都在挑战我们身体的极限。高强度的训练使我们经常内分泌紊乱，脸上长疙瘩，生理期不准，吃不下去饭。有一句老话是"掉皮掉肉不掉队，流血流汗不流泪"，我时刻提醒自己不能放弃。每次往家打电话，都是报喜不报忧，跟父母说："我体能又提高了，和二传的配合更好了，放心吧！"发烧、感冒、扭伤等，都默默承受。所有这些辛苦、所有这些努力，都是为了一个共同的目标：拿到冠军。

陈导的外号叫"笑面虎"，在比赛场上的时候都是笑呵呵的，但他平时训练的时候是不笑的，而且要能得到陈导的表扬，真是太阳打西边出来。印象里陈导对我的表扬是这样的，陈导说："这段时间训练得不错，后面的比赛你先不要跟了。"能够得到陈导的"表扬"我非常开心，但每次他只要表扬我，我就不能跟队参加之后的比赛，这样一次、两次、三次，每一次我都给自己鼓劲，让自己重新振作，一定还要更努力，他不带我去比赛是因为我的训练还欠火候，还不够好，但我从来没有想过要放弃。

通过自己的努力，2003 年我终于以一个替补队员的身份参加了 2003 年的世界杯，中国女排拿到了"阔别"17 年的世界冠军。站在领奖台上我也是感慨万千，心想一定要参加奥运会，一定要再努力。

接下来的冬训，由于赵蕊蕊在训练时出现意外，我从替补到了主力的位置，当时的心情很复杂，确实一直希望能得到陈导的认可，能有机会上场打主力，而不是因为赵蕊蕊受伤我才有机会。我没有参加过国际大赛，国际赛场经验几乎是零，我不能拖队伍的后腿，没有什么捷径，我只有苦练，压力等于动力。每天下课后教练都会给我加小灶，各种拦网、各种扣球、和二传的配合，每一个球都精益求精，一天当三天用，这时距离雅典奥运会只有不到 5 个月的时间了。

每天的加练让我膝盖的旧伤复发，奥运会前的最后一个比赛结束后，我跟队医商量给膝盖打封闭。队医跟我说："封闭只是让你感觉不到疼痛，它不能治疗你的伤，而且封闭这个东西对软骨也没有什么好处，其实现在也是在一个调整期，就先别打针了。"这个时候赵蕊蕊通过 5 个月的康复也回到队里，我们所有人都很开心。第一是因为 2003 年世界杯的时候，中国队的许多战术都是围绕赵蕊蕊这个点进行的，而且她当时的发挥这么棒，她能回来我们所有人都很安心，冲击 2004 年奥运会冠军是我们所有人的梦想，她的回归让我们所有人都信心百倍。并且我膝盖也出了问题，她回来我也可以先缓一缓，调整一下。

离奥运会第一场比赛开始还剩两天，我的膝盖实在是疼得不行，最后还是打了封闭。就这样奥运会第一场比赛前我休息了两天，因为打封闭要三天不能剧烈运动。奥运会跟美国队那一场比赛是我打完封闭后第一次开始起跳，但封闭针并没有减轻起跳落地带来的疼痛感，不过休息了两天体力还是恢复得很好。比赛开始前我们排队出场，站在第一个的是队长冯坤，第二个是赵蕊蕊，我们按照身高顺序排队，她身后就是我，她转身跟我说："咱俩不管今天谁上都要全力以赴。"我说："好的，没有问题。"赵蕊蕊首发上场，我走到替补席，陈导走过来说："随时准备！"我说："好。"比赛刚开始几分钟赵蕊蕊再次受伤，把我换上场，当时我并不知道她发生了什么事情，每一个球结束我都会往场下看一看，心想她处理一下，包扎一下，还会把我再换下去。局间暂停的时候队医跟我说："别看了，就你了。"

就从那场比赛开始我一路打到决赛，每天都吃止疼片、打绷带，各种胶布、各种包扎，好让我感受不到疼痛。我心想不管发生什么，一定要发挥出我最好的水平。

决赛前的准备会上主任、领队和陈导跟我们说：奥运会决赛肯定不会一帆风顺，会出现各种问题，落后很正常，认真拼好每个球，心态很重要。决赛时俄罗斯队打得非常好，他们改变了战术打法，场上6个人都能进攻得分。我们0∶2落后俄罗斯队，后来俄罗斯队的战术开始保守了，而我们的拦网和防守以及战术打法越来越灵活。又拼到了第五局，快到赛点的时候，我看到了俄罗斯队队员脸上失望和想放弃的表情，随着最后一个球的落地，我们拿到了冠军。那是中国女排1984年之后拿到的第二个奥运会冠军。决赛的五局我个人夺得了25分，成为那一届奥运会的最佳得分手。也借此机会真的好好感谢一下我的好队友们、好姐姐们，没有我的队友，就没有我那一天的发挥。

我们参加了雅典奥运会的闭幕式。闭幕式上有北京8分钟的表演，想到4年后的北京奥运会我心情就特别的激动，看着2004年奥运会的圣火缓缓熄灭，我心想2008年你一定得等着我，在中国举办奥运会的时候我一定还要让其他国家的人向中国国旗致敬。

奥运会结束后，我也没有好好照顾我的腿伤，比赛一个接着一个，到2006年国家队冬训的时候我的膝盖状况开始恶化，每三天就要抽水，打消炎针。2007年5月我做了手术，我的主刀医生跟我说："我看到你的膝关节磨损的程度像我见过的70岁的老人，真不敢相信你拖着这样的膝盖还能打球！我的手术并不能使你回到运动场，你今后就不要再从事大运动量的活动了。"当时麻醉还没醒，也不能说什么，我好像哭了，我的运动生命结束了。哭也没有用，已经这样了，排球教会我要认真拼好每一个球，我不知道未来我要做什么，但现在我唯一能做的就是学英文，我知道今后一定能用上，所以还没出院我就联系了中国运动员教育基金会的一位老师教我英文。

我虽然没有以运动员的身份参加 2008 年北京奥运会，但是我参加了圣火传递，也总算能为北京奥运会做了点儿事。

未来正来，过去已去。我人生的下一段旅程，我能干点什么呢？还是继续我的学业吧！当时美国许多大学都非常欢迎我，但在这个时候我妈说："你不要离我太远，你 12 岁就离开家啦，那时候你就是国家的，好不容易现在你是我的了，你能不能离我近一点啊！"我说："行，那我去香港吧，自己家的地方，也能学英文，又说中文，交流沟通应该没问题。"就这样我选择了香港中文大学。

那年我 27 岁，从一个初中二年级的水平一下子跨越到了大学，我班里的同学都是"90 后"，我绝对是班里的大姐。大学时期因为我英文底子比较差，我要比我的同学多修 9 分的英文，所以我要修够 132 分才能毕业。大一的时候我们每个人都写了愿望，希望自己 4 年后会变成什么样子，我记得很清楚，我的愿望就是 4 年后准时毕业，我没有其他愿望。我也跟我妈豪言壮语过，说 4 年之后我是一个合格的大学生，我也做了充分的准备，心想学习能比打球还困难吗？我一定可以的。

但现实真的很残酷。大学第一天学统计学，英文 PPT，教授用广东话讲课。作为一个天津人，我完全不能听懂任何的一个字。我查字典赶不上教授翻页的速度。在课间休息的时候同学告诉我，老师的意思是我们今天 3 个小时的课，如果你听了课，你一定会写课后的小测验，这个测验占咱们总成绩的 10%。我瞪大了眼睛试图跟上老师讲解，听得很累，但真的是一句也没听懂。在我身旁的同学已经睡着了，3 个小时课程讲完了，发卷子考试，我叫醒了我旁边的同学，我的同学 5 分钟不到就写完了试卷。我心虚地问同学："可以给我看看吗？"我同学也挺好的，给我看了，我一个字母一个字母地抄上，却不知道到底考了什么，答案是什么。当时我很不开心，虽然应付了眼前的考试，但大学 4 年第一天就这样，后面这么多考试，这么多测验，这么多论文，这么多要学的东西，我该怎么办啊？

这个时候大学排球校队的教练说："张萍你来打球吧，你是奥运会冠军，你站在那儿我们都能赢。"我心想打排球是唯一可以让我骄傲的，让我有成就感、有荣誉感，让我开心，让我放松，我就去打一打吧。但我上场比赛的那天我们打输了。当时的我真的在学习和打球上完全找不到任何的享受和成功感，或者任何的喜悦。我明明准备了啊！但怎么会这么难啊！我不停地问自己："要放弃吗？这是你心里最真实的想法吗？"放弃是最简单的办法，我们如果 2004 年奥运会决赛 0∶2 落后的时候放弃的话，就没有我们的冠军啦！记得第五局俄罗斯队队员脸上的失落和无望的表情吗？我曾是中国女排队的一员啊！我曾经对着国旗宣过誓啊！我怎么能放弃呢，那不是我。我现在的问题就是不懂不会，我弄明白了不就好了吗！打球的时候努力不一定能成功，但在学习的道路上只要努力一定能成功！我的老师们也都对我特别好，说："如果你上课听不懂，你可以来问我，我如果没时间我可以让我的博士生再教你一遍。"然后我就天天问："教授在吗？师兄、师姐在吗？办公室有人吗？"大概半年之后，我才基本跟上大学的学习进度。

就这样我一路从本科读到了硕士，一读就是 6 年。6 年之后校长见到我，问我："毕业了？"我说："我实现了我 4 年前的愿望准时毕业的同时，还副修了艺术系课程。"他说："留下来吧，把排球技术教给你的师弟师妹，也把女排精神教给他们，我们需要你。"就这样我变成了香港中文大学（深圳）的一位体育

223

老师。

　　真的很开心还在做和排球相关的事情，除了教排球的技术，我也希望让学生能感受到运动带来的益处，学会如何融入陌生环境、沟通、协作、互相帮忙、专注、认真、不放弃、勇于尝试。能力强的带领能力差的，最终成为团队的领头人；能力差的多向老师或者同辈请教，找同学帮忙，在集体中多做自己力所能及的事，尽快地融入大家。我跟我的学生也说："将来你们毕业的时候会有两种情况，一种你读的专业和你的工作相关，另一种是不相关。"就像他们上我的排球课一样，有的是爱排球过来选我的课，有的是没办法就剩排球了。到工作的时候也有可能是这样，你需要工作，但这个工作你并不感兴趣，那你能不能迅速融入新环境，学习新的技能，让你的老板看到你的认真、专注、勇于尝试。比如老板给你新的东西做，你说："老板，我没做过，没弄过，我做不了。"还是说："老板，我虽然没弄过，但是我尽力试一试，多向同事们请教，如果实在不行的话，请您也帮帮我。"这是两种完全不一样的感觉，换位思考一下，如果你是老板你更喜欢什么样的员工呢？也希望我的经历能带给我的学生们更多的力量和勇气，让他们遇到任何困难的时候都不要轻易放弃，有战胜困难的信心，让他们终身受益，这也算是我作为老师的执教哲学吧！

六

经济与历史

新经济与大数据

刘 政

刘 政

　　爱尔兰利默里克大学电子与计算机工程博士，IEEE 高级会员，中国计算机学会大数据专家委员会委员，清华大学大数据硕士项目教育指导委员会主任，中科院深圳先进技术研究院硕士研究生导师，中国软件行业协会理事，北京大学、清华大学、中国科学技术大学客座教授，赛仕软件研究开发（北京）有限公司总经理。

　　在美国哈佛大学发生了一件事情。美国非常有名的一位经济学教授，在哈佛教了 14 年的经济学原理。他的著作《经济学原理》很有名，我们国家也出过不同的版本。后来他不再教经济学原理了，来了一个年轻的人。这位年轻的教授现在开的这门课程就是用大数据解决经济和社会问题。他的课程引起了比较大的反响，很多学生都去听，觉得这门课程很新颖。我们知道，哈佛大学在经济学教育方面，对其他院校甚至教育界都有引导性的作用。这件事发生以后，我想在其他院校也会逐渐地出现类似的课程。

我们知道有一门学科叫计量经济学。计量经济学谈的也是用数据分析的方法，通过建立数学模型来解决经济问题。计量经济学是从 20 世纪 20 年代就开始出现的。1969 年，首次诺贝尔经济学奖就奖给了计量经济学的两位创始人——计量经济学的奠基人弗里希和计量经济模式的建造者丁伯根。所以我们可以看到数据分析跟经济学其实在很早之前就有比较密切的联系了。

时间序列的方法也是用数据分析的方法解决一些经济方面的问题。时间序列就是将同一统计指标的数值按其发生的时间先后顺序排列而成的数列。时间序列分析的主要目的是根据已有的历史数据对未来进行预测。经济数据大多以时间序列的形式给出。比如说，一个国家 GDP 每年、每季度的变化是怎样的。我们通过对历史数据的分析可以建立一个数学模型，然后用这个模型就可以推测出来将来要发生什么事情。2003 年的诺贝尔经济学奖就奖给了时间序列方面的专家。

最后谈一下运筹学。大家可能听说过华罗庚推广的优选法。其实华罗庚推广的优选法就是运筹学里的方法。应该说他从 1965 年开始做这件事情，到 1970 年已经有了很大的突破，建立了一个比较好的模式。后来周恩来总理让他去带领一个团队向全国推广优选法。我们只要把优选法和运筹学结合起来看，就能知道它能解决很多生产中出现的问题，比如如何做到让生产产生最大的收益，成本减到最低。运筹学的方法其实就是一种优化的方法。我们学高等数学的时候学过求最大值、最小值，但这是对一个曲线求最大值、最小值，相对来说比较容易。在实际生活中要去求一个最大值、最小值是受到很多限定条件和因素影响的，所以运筹学的方法比曲线求极值要复杂得多。在运筹学这个领域大概有 12 位学者获得了诺贝尔经济学奖。

在第二次世界大战期间，英美联军的物资非常短缺，雷达也刚刚出现。德国人经常过来轰炸，有限的雷达怎样去布防？他们就请了统计学家、数学家来计算，这就使用到了运筹学的数据分析的方法。当时数据分析的方法并没有成为一个体系，后来 John W. Tukey 写了一篇文章叫《数据分析的将来》，对数据分析进行了系统化的总结，我们才把数据分析看成一个行业或者一种方法。

20 世纪 60 年代美国有了较成熟的计算机，数学模型再复杂、数据量再多也可以计算了。用计算机软件来处理数据，就方便了很多。当时，美国农业部想提高农业的产量，要使用一些统计分析的方法来进行分析。另外，美国的人口普查也开始用统计分析的方法。

在计算机早期的时候，还没有现在的磁盘存储。所有的程序都是打在纸卡上。20 世纪 80 年代我国有一些数控机床、自动化控制的机床也是用纸卡打孔来记录计算机程序的。那时候一个很小的程序都要有几十个甚至上百个大箱子装这些纸卡程序。

统计分析的软件逐渐被人接受。很多行业、政府部门都希望做这方面的工作，用户也就越积越多。社会上也出现了几家做数据分析软件的公司。在 20 世纪 80 年代，除了统计分析软件以外，计量经济学、时间序列等方面的软件也开始出现。早期只有大型计算主机，可能屋子都放不下，后来才出现了微型机，最后到 80 年代中期出现了我们个人用的电脑。随着计算机计算能力的变化，其操作系统也不断地更新换代。数据分析的软件也随着机器的变化而不断地升级换代。

后来又出现了互联网。1988 年欧洲在瑞士巴塞尔订立了巴塞尔协议，主要针对金融行业风险防控与监管方面。在"9·11"以后，美国总统小布什签署了《爱国者法案》，给美国警察更大的权利去检查个人的通信数据，甚至个人数据警察都有资格去检查。2015 年出了斯诺登事件，大家可能觉得很突然，但如果我们从《爱国者法案》的规则去思考的话，斯诺登所暴露的"棱镜计划"就是很自然的了。另外，《爱国者法案》还谈到了洗钱的问题。因为恐怖组织要做事情就要有资金的周转、流动，所以对于金钱的交易、流动，美国政府进行了非常严厉的管控，防止恐怖组织有充分的资金进行恐怖活动。作为专业人员，我们知道做这两点不能完全靠人去监控，而要通过软件自动地进行监控、监视。如果有可疑的情况，系统就会立即发出警报。这些复杂的工作都要通过计算、通过一些软件程序来进行。

大数据及大数据时代

从 20 世纪 90 年代后期开始，人们的生活发生了很多变化。我们现在到超市去买东西，每次都要有一个扫描仪把要买的东西扫描一遍，通过扫描企业把这个商品销售的数据记录下来。我们到银行去开户，我们的各种信息都会记录在银行的计算机系统里。我们办一个手机号码，然后我们的各种通信，甚至我们在哪一个地方登机、哪个地方落地，什么时间进入了哪个商场，这些数据都被记录在案。数据量越来越大，数据类型也越来越多，就出现了大数据。

大数据有什么特征？第一，容量大，容量大到人们很难去处理。第二，种类多，有各种不同类型的数据，包括视频、图片、语音、文本，还有各种其他形式的数据。第三，增长速度非常快。现在每天数以亿计的人在使用手机、在上网，数据量增长非常快。

全世界的数据量有多大，我给大家一个概念。如果我在一个光盘里放 10G 的数据，把全世界的数据都放在光盘里，然后把这些光盘连起来可以到月球几个来回。计算机想处理这么多数据很困难。想象一下如果我们去超市买东西，只有一个柜台有收银员，100 多人排队结账，估计要排一个小时才能结完。怎么解决呢？多开几个收费柜台，把人员分流了，速度问题不就快了吗？我们处理大量的数据也是这样的思路。比如我们有 1000G 的数据要处理，第一台计算机处理一部分，第二台处理一部分，第三台处理一部分，把网络上很多计算机联结起来进行处理，处理完了再把结果合并，这个问题就解决了。我们把这种方法叫网格计算，或者分布式计算。第二种方法叫内存计算。我们在买计算机、手机的时候要买内存大的。内存大，软件运行得就快。我们要是把数据放在内存里去计算那速度是非常快的，这种方法也能加快我们对数据进行处理的速度。还有一种方法是改变数据传输的方法，也可以提高速度，叫库内分析法。过去，我们要把数据从数据库里取出来计算，现在我们把计算的算法放到数据库里面，这样就不用取数据了，减少了数据传输的时间。我们把三个技术结合在一起，就能解决数据量大的问题，做到实时出结果。就是数据来了，分析的结果就出来了，比如买卖股票，今天这一天股票交易是怎么回事，它的价格波动怎样，过去是把数据收集出来，晚上进行分析，基于当天的数据，预测第二天开盘以后的股票走势。现在股市一开盘，数据来了，就可以开始计算，开始预测了。另外，物联网也是。人们在道路中放了很多摄像头去检测来往车辆，监控交通流量，如果这个数据处理速度慢了，交通状况已经改变了，结果就没用了，所以这个数据必须实时出结果，然后告诉购买服务的司机可以走这里，但是还要堵 15 分钟，要着急就绕道。

传统的数据分析方法都是处理比较短的字节数据，遇到大块文章、视频等分析起来就比较困难了，机器怎么能读懂呢？现在比较流行的方法就是机器学习的方法，还有深度学习的方法。前一段时间谷歌的人工智能围棋阿法尔狗胜了李世石就是因为它学习了很多历史上的棋谱。学习后，它知道怎么样跟现在的人来下棋，所以它用的方法就是机器学习的方法。从历史数据学习知识，然后拿来用。后来研发出的阿尔法狗零不用学习棋谱也可以把人战胜，这是为什么呢？因为围棋有特定的范围，棋盘就那么大，多少格都定好了；另外围棋是有规则的，只要有规则，有边界，计算机就可以穷尽方法。通过不断地试错，不断地学习，算出来下一步该走哪儿，就是说对于特定的东西我们不需要数据也能解决问题。但是如果这个东西是一个不固定的东西，那就需要学习了，把规则学明白以后才知道怎样出对策，这就是机器学习。

在文本分析方面。新华社每天会收到大量的外文资料，它需要了解国外众多媒体对于某一事件的看法、态度。它不是用人一篇一篇地去看，而是让机器来做。机器一篇一篇地看各个媒体的关注点，看他们是正面的态度还是负面的态度，就是采用情感分析的方法进行文本分析。我们通过对社交媒体上的这些数据，对大家的观点进行分析，可以了解民众的思潮和倾向，民众对某件事情的看法，这是非常有价值的。

在图像识别或人脸识别方面。比如说人脸有 68 个关键点，计算机通过对这 68 个点的分析，就能够识别出一张特定的脸。该技术可应用于刷脸支付、安检通行、身份辨认等方面。

语音分析。我们在很多地方用到语音分析：对着翻译器说中文，声音出来就是英文；说英文声音放出中文，这都是语音识别的基本应用。

视频图像识别。识别视频中的特定帧中人在干什么。比如能看出来这个人在吃午餐、这个人在开车、这两个人在拥抱，等等。

机器人。机器人是前面讲的多种模式的组合。比如这个小机器人会看路标，别人跟它说话它能听懂说的是什么，能回答人家的问话，对于视频、路标它都可以辨认。

这些技术都是利用了人工智能的分析方法——机器学习和深度学习的方法，用来处理大数据中的复杂数据（专业上叫非结构化数据）。

我们给数学模型提供的数据越多，它输出效果就越好，所以人工智能算法是很依赖数据的。如果没有数据，人工智能就无法工作。但是，我们现在使用的深度学习的方法离我们对人工智能的要求还很远。现在我们只能实现基本的辨认：这是一只猫，那是一只狗，等等。如果问狗处于这个形态它想干什么？它有什么特别的地方？不知道，这在判断力方面跟人差距很大。人工智能要有比较大的发展，在模型上、在计算方法上还需要有突破。目前这些方法达不到高级的智能。

　　我们通过很多数学的方法对数据进行了分析，然后把这些分析结果展示给大家看。怎么个展示法呢？比如简单的数据，我们可能用简单的图形就可以了，有时候通过一个表格，有时候通过一个饼图，有时候通过一个矩形图就可以看到大概的状况。但对于复杂的数据这些方法就满足不了我们的需要。我们现在使用的一种方法叫可视化的方法。如果只给你一个表格告诉你美国的每个城市有多少人，这些人口的分布情况你是看不出来的。可是从图上就可以非常好地看出来美国人口的分布情况。数据往这儿一摆一目了然，甚至可以在黑点的地方把具体的数字都显示出来。

　　在做数据分析的时候用什么工具呢？可以使用数据分析平台 Viya，这是 SAS 公司最新发布的产品。现在很多公司都使用云技术。数据是放在云上的，数据分析软件也是运行在云上的。我们能够分析的数据不光有比较简单的结构化数据，还有在 Hadoop 里的非结构化的数据，我们也能够分析数据流。数据流通过传感器、各种仪表等传输。数据分析平台可以分析各种类型的数据，并拥有高性能分析方法。在这个平台上，如果用户是一家跨国公司，其身处世界各地的所有员工都可以共用该平台做同样的一个项目。员工可以用不同语言，如我用 C 语言，他用 Java 语言，她用其他的语言，大家都可以在上面一起工作。这个数据分析平台对于我们解决很多问题非常便利。

　　我们刚刚谈到了大数据，谈到了人工智能、物联网、金融科技等。它们之间的关联是什么？我们知道是先有计算机技术，计算机技术对我们各行各业的影响都是非常大的；后来又出现了互联网，有了互联网以后我们就发现了很多新的经济，我们可以"淘宝"，可以在网上看小说、玩游戏、发文章等；由于这些原因产生了很多的数据，大数据就出来了。计算机、互联网、大数据三项技术都是有普适性的，普适性就是说它们对各行各业都有影响。可以说我们处在计算机时代，处在互联网时代，处在大数据时代，但现在还不能说处在人工智能、物联网时代。很多年前，大家可能听说过智慧地球、万物互联。有些地方建立了物联网科技园区，但是都做不下来。有投资的原因、有市场的原因，还有缺乏数据分析技术的原因。在很多文件中或者报道中，我们看到说要利用大数据技术、人工智能技术、物联网技术、金融科技的技术，等等。它们虽然被并列地说，但并不处在一个平面上。其实，人工智能、物联网、金融科技等都是建立在大数据技术基础之上的，这就是它们的关联性。

大数据时代来了，那么它有什么特点呢？我们学过政治经济学，政治经济学里说了生产力是由劳动者、劳动对象和生产资料组成的。过去的生产资料我们知道都是物质，现在我们的生产资料还包括数据。数据是有价资产，还可以创造价值，因此数据是可以买卖的。

过去人们做决策都是定性的。我们选领导都选经验丰富的。他们遇事根据经验做决定，比较靠谱。比如，明年的销售会增长，增长多少？估计为15%。为什么说是15%？猜的。有了数据分析，我们的决策就变成了定性＋定量。通过对以往的销售数据进行定量分析，我们可以得到一个定量的增长范围，这样的决策就会更准确一点。

科学研究有三种通用的方法，或者说科学范式。这三种科学范式就是：理论计算，科学实验，模拟。相对论就是通过理论运算发现的；很多化学元素是通过试验发现的；在极高温或极低温情况下，人们无法实现或拥有合适的载体，只能模拟。我们用数据分析的方法也能进行科学研究，因此大数据也就成了科学研究的第四种范式。

由于大数据的增多，人工智能、物联网等新兴行业可以发展起来，可以构建我们的智慧城市，从而使我们进入智能化社会。

接下来我们来看大数据时代的 10 个发展趋势。

第一，数据分析的技术方法要不断地进化，以应对大数据的非结构化数据和数据量过大的问题。

第二，将数据分析方法延伸至其他学科研究领域，通过分析人体数据了解人体机能。

第三，推动与数据相关的立法。数据是资产，数据所有权的界定、隐私数据的定义和保护等，都是大数据发展过程中有待解决的问题，要有法律来判别。

第四，采用大数据改进社会治理手段，实现数字政府，帮助政府改进决策机制，维护公共安全，进行反恐，防止犯罪，实现社会的智能化管理。

第五，改变人们的思维方式。采用大数据我们可以从局部看全部，从因果关系看相关性。人们会更加相信数据，依赖数据分析的结果。

第六，对大数据的使用变得平民化。开源软件以及有的公司提供的免费工具，让人们在没有编程知识背景的情况下也能制造出数据专用图表。数据可视化技术非常易用，使得大数据应用的平民化成为可能。

第七，推进形成新的生活模式。我们在大数据时代可以享受智慧城市、享受物联网、享受人工智能、享受生物工程给我们带来的便利。

第八，大数据的出现造就了许多新经济类型，这既是新的商业机会，也带来新的就业形式。大量的资本进入这个领域，很多就业岗位出现。市场上人才短缺，教育部门任重道远。

第九，军队始于冷兵器，然后有了热武器，再到机械化、电子化、信息化，到现在的智能化。智能化使得决策更加精准、自动、快速。

第十，数据分析可以成为政治、军事手段的延伸。数据分析可以分析事件的趋势，可以预测事件。对互联网上的各种数据进行分析，可以帮助我们了解民意、引导民意。

习近平总书记在中共十八届三中全会上，将全面深化改革总目标设定为"推进国家治理体系和治理能力现代化"，这被称为第五个现代化。大数据时代给中国带来了机遇。大数据能够帮助我们实现第五个现代化，帮助政府改进决策机制、提高科学决策的水平；实现数字政府、提高政府服务效能；增强国家治理能力。

大数据时代是互联网后又一次 IT 产业革命。20 世纪 90 年代，我们迎来了互联网时代。我们缺少人才。在过去的 20 年里，国家建立了软件学院，大量培养计算机人才，为中国互联网的兴起和发展做出了贡献。现在大数据时代来了，大数据时代对我们国家来说是一个新的机会，能够产生新的经济，拉动经济的发展，所以我们一定不要错过这次机会。大数据是我们国家的战略，要积极推进它，让中国的发展更上一个台阶。

大数据时代，中国也面临着挑战。在数据分析软件上，国产软件还有很多不足。另外，中国做数据分析的时间比较晚，缺少经验积累，项目带头人非常短缺。我们要抓紧时间尽快培养领军人物。还有一个就是国家安全面临的挑战。社交媒体上充斥着很多境外的各种情报机构以各种名目发出的文章，大多是用自认为的普世价值观衡量事情的对错，编故事，牵强附会，迷惑读者，造谣生事，挑起事端。还有数据安全，哪个国家都希望拿到其他国家的数据，了解这个国家的情况，所以中国的公司最好不要把自己的数据放在国外的云产品上，以避免特殊时期遇到问题。

数据分析职业是一个有较高难度的职业，要求有很好的数学和统计分析的知识、计算机技能、业务知识和多年的经验积累。对数据的高敏感度是优秀分析师必须具备的素质。要培养高质量的数据分析人才还要从大学教育开始。我们国家的很多大学都开设了相关专业，开设了相应的课程。

大数据的应用

大数据对经济活动的影响是多方面的，但是主要有如下几点：对现有产业的改进、促进作用；带来新兴产业（物联网、人工智能等）；催生新的经济模式；增加就业。

大数据分析并不是只有一种方法，它是分级的，根据难易程度分成了 8 个级别。前 4 个级别比较简单，统称商务智能。简单的方法就是拿了数据稍微做一个汇总，然后显示出数据上的各种关联结果。后 4 个级别比较复杂，用到各种数学方法，统称高等分析。高等分析包括了统计分析、数据挖掘，能够通过模型做预测，还能够优化资源和决策。

我们来看看大数据或者数据分析在各行业的应用。第一大应用领域是银行业，占比 28%。其次是政府，占比 16%。我们可以看到国外的政府对于数据分析的使用率是非常高的。再有就是保险业、生命科学、通信、制造业、医疗、零售，等等。在各种实际的应用中，人们最关注的还是客户，有关客户关系的应用占了 38%。

我们来看一下数据分析应用于营销的趋势。早期叫智能化阶段，还是针对客户进行细分，针对客户建立各种模型。后来，进入自动化/优化阶段，营销的方式产生了变革，模型也变得实时、动态化了。将来的营销模式会是实时的、个性化的。现在手机运营商发给你的信息都是有针对性的个性化的信息，跟别人的不一样。他们也掌握了很多您个人的信息，比如，到哪里出差、出现在了哪个商场、个人的消费习惯等信息。

客户细分在银行业也遵从二八定律，就是 20% 的客户拥有80% 的银行存款，所以客户有轻重。对于大客户，你要花很大的精力去留住他们；小客户可用一种通用的方法去对待，就是你不希望花太多的时间成本去留小客户，而是要把精力放在重点客户上。现在商家采用全渠道的销售方式，你所有的信息都在被利用，你线上的行为、线下的行为等信息都被收集。你经常浏览淘宝里的什么东西，你在网页上看新闻的时候点击了什么东西，你看手机的时候点了哪些广告，都被收集起来。另外你进到商场，你的手机运营商马上知道你出现在什么地点，它给你相应推一些商场里吃饭的餐厅，买东西哪个地方好，然后给你一些优惠券。我们手机上都会收到短信，这个月送点流量，那个月送点话费，这些都是为了把用户留住，不让用户流失。

银行业有个《巴塞尔协议》，《巴塞尔协议》里讲到防范风险与合规。金融风险包括了市场风险、信用风险和操作风险。市场风险是说市场汇率的变化、市场上债券价格的变化对银行资产的影响。银行都会做压力测试，模拟市场的变化、汇率的变化，然后看银行能不能承受住这种变化。比如说房价大跌，跌到什么程度造成的违约是这家银行不能承受的？信用风险就是违约风险，银行借钱给这个人，这个人还的可能性有多大。银行放出去10 个亿贷款给好多人，这些人不还款的概率有多大。操作风险主要包括内部的欺诈、外部的欺诈、员工的操作、各种设备或软件系统无法支撑公司的正常运转等造成的风险。另外还有很多金融犯罪需要防范，比如信用卡欺诈、支付欺诈、网银欺诈等金融犯罪。

现在无抵押小微贷比较流行。很多人愿意到支付宝借一笔小额贷款。借一些贷款干什么呢？有人缺几十万元钱装修，到银行贷款，银行要么不借要么手续烦琐。如果你通过支付宝，几乎马上就能够贷到款，利息可能会高一点，但它借给你。比如借 1 万元钱，一个月以后还 10200 元，你觉得这还可以，2% 月息，200元钱没多少，但你要是把它算进全年，全年 24% 的利息。谁在银行贷款贷 24% 的利息呀？现在国家规定贷款利率不能超过 36%，这是最高的一个界限。很多的贷款公司现在胆子也比较大，反正我不管你是谁，你要敢跟我借，我就敢借给你。它大概有一个评估，知道这么多人借了这么多钱，不还款的比例也就是 10% 左右，大部分人会还的。36% 的年利还是有赚头。放贷公司允许有坏账，允许借钱不还，但银行就不能允许了。银行有 1% 的坏账都受不了，承担风险能力很低。

反欺诈是全球性的问题。欺诈包括社保欺诈、保险欺诈、社会救助欺诈、交易欺诈，等等。比如，民政部每年发放上千亿元的扶贫救助款。这些钱不一定都给到需要的人手里，有些人造假也能拿到，这就属于欺诈。有人组织到北京免费旅游，一些外地的人就报名了，到了北京以后组织者就把他们的身份证收集起来，说是办理入住手续。组织者然后跑到借贷公司去给这些人都办理了借贷，把钱拿走，再把证件还给大家。大家在北京玩得很高兴，玩完回家了。没过多少时间大家就收到提醒还款的账单。这就是金融欺诈。欺诈有很多方式。为了防止欺诈，人们在软件分析系统里建立了很多规则，检测欺诈行为。过去的欺诈行为是碰巧碰上了就骗一点，而现在是有预谋的、规避规则的、用高科技的手段进行的欺诈。

美国的《爱国者法案》因反对国际恐怖主义而生。其中一个关键点就是切断国际恐怖组织的资金来源，就是反洗钱。前段时间发生了一件事儿，就是有一位名人的孩子在美国上学。他想寄一些钱过去，但是他听说美国银行要求超过一万美元的转账客户填单。为了避免填单，他每一次寄钱都不超过一万美元，并且进行了多次汇款。连续多次在较短的时间内向一个或几个账户多次汇款，触发了洗钱的应用场景。这位先生受到了操纵存款数额、规避申报的指控，并被要求缴纳 17.6 万美元作为"民事罚没"，同时补缴过去漏缴的税款等。反洗钱的软件里面都有一些特定场景，如果正好符合这个特定场景了，它就会对这个账户进行监控。如果钱是正当途径来的，拿到美国又是去做正当的事情，那你直接一笔汇过去就完了。

美国有一个做全国医疗保健方面的大数据应用。这个应用获取了十几个州的医保数据并进行了分析。分析得到了一些结果，其中一个就是 5% 的公民用掉了 60% 的社保。其实，我们国内也是同样的情况，很多人经常看病，花了很多的钱，有些人却基本不看病，所以大部分钱是被小部分人花掉的。还有就是美国人死掉的 10 个人里面有 7 个人是死于慢性病。再有就是每年 21% ~ 47% 的医保资金都是浪费掉的，没有真真正正地让人们享受到。

大数据在通信领域的应用解决的最主要的问题是怎么找到客

户，找到客户以后如何留住客户。

我们刚才讲到了大数据支撑着人工智能、物联网、生物工程、金融工程等。

大数据是很多新兴行业的基础。大数据在金融风控、反洗钱、反欺诈等很多方面发挥了重要的作用。

人工智能目前主要应用在人脸识别、语音识别、文本分析、机器翻译等方面。这些都是通过对数据的分析实现的。

可疑交易分析是物联网应用之一。这个物联网系统可以对各种交易进行监控，也可以通过分析历史数据发现可疑交易。系统能够发现金融交易员在进行交易的时候有没有违规行为。

物联网在墨西哥湾钻井平台上有许多应用。钻井的钻头经常会断在水下的岩石里面。钻头一旦断在里面这口井就废掉了，有时候它会影响出油率。人们通过传感器实时监控水下的钻头，在钻头出现事故之前就能及时发现疲劳问题、及时换掉，这样就可以避免钻头断裂。

我们可以在卡车上装很多传感器，用以监测比较关键的部件，这样在卡车出事故之前我们就能够及时地预测，然后去保养、维修。

有位员工在家里装了太阳能面板，自己建立了物联网系统。通过这个系统，他可以看到白天电进来得多，晚上少，阴天少，阳光天多；然后还可以看到每个房间、每个电器用电的情况，全部的数据都有。

区块链的最大应用就在比特币上。它是一个分布式记账的方式，每次交易都会在多处记账，任何一个地方的账本改动，其他地方都要改。因此，这就实现了去中心化。比如说有人向你借钱，如果只有你跟他两个人知道你们俩之间借钱了，那他到时候不还你，没有人能够证明这个交易。如果他跟你借钱时，让我们这儿所有人都知道了。这样，如果他到时候不承认借钱这件事，大家都可以为你作证。这就是区块链的一个简单的应用模式。区块链还可以用在产品的防伪上。

大数据也会在智慧城市的建设中发挥应有的作用。智慧城市是一个大工程。在建设智慧城市的过程中，我们不仅要考虑硬件建设，比如网络、交通、人工智能等，还要考虑城市文化的保护和传承，生态环境的保护，等等。

在重大事件调查上，公安部门可以将疑犯的年龄、性别、身高等个人资料输入系统，电脑将会综合资料抽丝剥茧地进行分析，并且收窄所需要调查的范围，筛选出最为可疑的人物供调查人员参考。

在救灾上，系统主要用作搜寻失踪人员；此类系统亦可以用作分析感染及怀疑感染传染病个案等资料。

产业融合将是一个普遍现象。在医疗健康领域，人工智能可以起到非常重要的作用，比如机器人护士、智能行走工具、智能家具等。通过虚拟现实，医生可以远程指挥手术。通过可穿戴医用设备，病人如果发生问题可以及时跟医院联系，获得救助。

智能制造成为我们走向制造强国的保证。这件事情做好了，我们就能够在世界制造业上取得领先的地位。智能制造集成了工业物联网、人工智能等技术，结合各种先进的制造技术和工艺，以提高制造业的综合能力。

大数据分析并不总能保证正确，有时候也会出现一些问题，有一定的欺骗性。比如美国谷歌前一段预报流感的时候就出现了预测错误，模型没弄好。另外一个例子就是关于美国1936年总统大选。当时美国有个《文学文摘》非常有名，它获得了240

万个客户的选举调查反馈。根据它的调查，是兰登能当选总统。盖洛普只调查了 5000 人，预测是罗斯福当选。最终盖洛普预测对了，为什么？因为盖洛普访问的对象有普遍性，而《文学文摘》只对它的富裕阶层的客户用电话进行的采访。那个时候有电话的人、能够订得起《文学文摘》的人都是富人，所以它了解的都是富人的想法，对穷人没有了解，取样有偏。

大数据和计算机技术一样，具有普适性，各行各业都需要，传统行业需要，新兴行业也需要。新兴行业就是物联网、人工智能这些行业。

目前，机器学习和深度学习算法在不断地丰富数据分析方法，是解决非结构化数据分析、人工智能等面临问题的主要方法。机器学习这种方法可以解决一些问题，但是有一定的局限性。

大数据可以改变社会形态，促进经济发展。在数据分析上要保证数据的真实性、方法的正确性、结果的适用性。比如分析整个深圳的房价，得出的结果是深圳的平均房价是 5 万元/米^2。你到城里发现要 10 万元/米^2 才能买到房，你会说这个分析不准确，其实就是没有了解到分析结果的适用性。在一定范围内它是对的，超出这个范围就不对，所以一定要注意这些方面的情况。

来到红星照耀下中国的一对老外：
阳早、寒春的故事

阳和平

阳和平 ✎

寒春、阳早之子，1952
年生于北京，成长于西安国
营草滩农场，在西安市读小
学、中学。1966 年随父母
迁居北京，1969 年中学毕
业分配到北京光华木材厂当
工人。1974 年赴美，先后
在农业、钢铁、汽车和其他
行业务工，同时勤工俭学，

1987 年完成了本科、硕士学业，受聘为美国企业的经
济分析师。1997 年获美国拉特格斯大学经济学博士学
位，2000 年回北京，分别在清华大学公共管理学院、
首都经贸大学任教。之后又受聘于美国特拉华州立大学
等。2007 年"海归"回北京至今，任教于对外经济贸

易大学国际经贸学院，主要教授计量经济学和统计学等
课程。

我的爸爸妈妈一个是养牛的农夫，一个是核物理学家。他俩
是通过我舅舅认识的，因为都在康奈尔大学，我爸爸去学医学了
一年，后来放弃了，要去学农；我舅舅在哈佛大学上了一年，不
喜欢，跑到康奈尔去了，所以他俩在康奈尔是室友，同租一间房
子，在一起住了一年。在 20 世纪 30 年代，受经济萧条的影响，
我父亲比较关心政治上的问题，我母亲当时是不问政治的，只对
科学、大自然感兴趣。

他们为什么来到中国呢？为什么要留在中国？

我先讲我爸吧。我爷爷是一个孤儿，后被农场主收养，到了
十多岁就跑了，因为不愿意在家里白干活，他跑到了煤矿，结婚
以后就以种地为生，他也想实现自己的美国梦，想创业，当老
板。他看到一个广告，纽约州有一片地挺便宜的，中国的话说
"便宜没好货"，结果他带一家老小去了以后发现那是一片涝地，
无法耕种，最后他因为劳累过度去世了。

我爸爸在农场长大。我爷爷去世以后，奶奶就去做面包、蛋
糕或者把农场的东西拿到市场去卖。儿女们都是通过勤工俭学上
的大学。在美国那时候上大学还是比较容易的，尤其是上公立大
学，学费基本上是象征性的。

20 世纪 30 年代美国一方面进行强烈的反共宣传，另一方面
经济陷入泥潭。苏联从十月革命后，从一个落后的工业国一跃变
成超级大国。所以老百姓就捉摸着为什么苏联发展这么快，我们
这儿怎么回事，到底是社会主义好还是资本主义好，大家争得一
塌糊涂。我爸爸一家每个周末都在一起，他有 7 个姐姐、1 个哥

哥、1个弟弟。7个姐姐3个左派，3个右派，1个中间派，每个周末都争论、辩论。他是在这种环境下长大的，所以可以理解他为什么对社会主义、共产主义有一种好奇。

我爸爸上大学的时候，我姨是美国共产党员，她就给他介绍《红星照耀中国》。确实这本书影响了一代人，我父亲是那一代人，所以受影响了，他了解到当时毛主席领导的八路军、新四军怎么通过小米加步枪和日本帝国主义斗争，所以他特别感兴趣。我姨老动员我舅舅、我爸爸参军，法西斯来了你不能就说我是和平主义者，你得打。所以我舅舅最后也被动员参军去了。我爸爸养了大约3年牛，最后决定把牛卖了，要参军。结果他刚把牛卖了二战就结束了，所以他不愿在和平环境中当兵，就到华盛顿找我姨，说要到中国去。我姨说联合国善后救济总署正需要一批畜牧专家到中国去。太美了，有工资，有路费，所以他就作为一个养牛专家来到了中国。

那个时候的中国老百姓需要喝奶还是吃粮食？肯定吃粮食。来了一帮畜牧专家，牛没来。一帮专家没事干，正好赶上湖南闹饥荒，他就跑到湖南考察饥荒去了。由于战乱和疾病，救济站里净是皮包骨头的老百姓，街头就能看到好多临死的或者已死的人，每天上百个尸体送到郊区，这就是当时的旧中国。

我爸爸看到国民党政权的腐败和无能，所以不到半年他就离开了联合国善后救济总署，奔往延安去了。到了延安他看到的跟国民党统治的区域差别非常大，延安虽然穷，老百姓穿着打补丁的衣服，看不到霓虹灯、看不到高楼大厦，但也看不到卖儿卖女的、看不到要饭的。

他在中国本来就想待一段时间，然后再回到美国。让他留在中国的是后来发生的事。他是1946年11月前后去的延安，不到半年，1947 年 3 月蒋介石派胡宗南进攻延安。当时胡宗南派的正规军有 24 万人，加上后勤将近有 30 万人，而当时共产党在延安的野战军只有约 2.5 万人，所以是大军压境。我爸爸当时在延安的光华农场工作，那里有 30 多头牛。国民党要来了，他随着共产党主动撤离延安。撤离延安以前毛主席、周恩来、朱德邀请在延安的 6 个外国人，我爸爸是其中一个，问他们是要回到国民党统治区还是要留下来？我觉得我爸爸好像有点初生牛犊不怕虎，他要留下来。接着周恩来就讲了形势，讲国民党发起内战，来的大兵要围剿延安，所以我们要主动撤退，但是我们很快就会回来。你想想 10∶1，国民党有飞机大炮，有电台测位仪，有各种先进的东西；我们有什么？就是小米加步枪。小米加步枪对付人家那么机械化的部队、那么先进的东西，他怎么有胆量说我们马上就会回来，这真是不可思议。但是我爸爸就经历了这 400 来天，1 年 1 个月零 1 周共产党的军队就把比他们多 10 倍的国民党军队打败了，他特别震撼，因为他经历了这个过程。

他们在撤离延安以前把凡是带不走的全部藏起来，让国民党来了找不到东西。白天还不能走，白天人家有飞机，所以白天必须躲在窑洞里面，躲在山沟里面，晚上走。有一次一走连着走了几个礼拜，每到一个地方当地党组织告诉他们国民党在什么地方，下一步往哪走。共产党知道国民党的一举一动，所以他们就绕开了国民党的封锁线，往北走，最后跑到内蒙古边界去了。有了这个经历，我父亲对当时的毛主席、共产党佩服得五体投地。

那时候的老百姓为什么要跟着共产党走，我觉得有一点很重要，就是打土豪分田地。陕北老百姓是非常实在的，20 世纪 30 年代共产党就把土地分给了无地的农民。十多年以后国民党来了，老百姓依然跟着共产党走。离开了土改，离开了农民分的土地，你没法解释为什么。这个经历确实让我父亲非常感动，这也是为什么我父亲觉得他必须留下来，所以他一个劲写信给家人、给我母亲讲他在中国的所见所闻。

我母亲的背景就完全不一样了，我母亲是知识分子家庭出身的。我外祖父是一个律师，但是他去世比较早，我母亲才两岁他就去世了。我外祖父的外祖父是数学家。他的妻子是当时英国的一个女权主义思想家、哲学家，他们有 5 个女儿，要么是数学家，要么是生物学家，小女儿是一个作家。我姥姥是教育工作者，她特别信仰杜威从实践中学的教育理念，我姥姥从小学教到中学。我妈上小学她教小学，我妈上中学她教中学，我妈要上高中她办了自己的学校，这个学校特别不一般，不仅要求学生学书本知识，还得学爬山、游泳、滑雪，还有美术、舞蹈、音乐全面发展。这个学校的学生必须劳动，学校的建筑都是学生和一些技术人员一块搞的，冬天还去采集各种东西。但是最让学生向往的是我姥姥不主张留作业，比这个让学生更高兴的是什么？不考试，大家都高兴死了。所以现代人就想象不出来一个学校不留作业、不考试，这叫什么学校。但是反过来想，所有孩子、儿童都有一个天然的好奇心，所以一个好的教育家就是引导、启发学生的好奇心，然后挖掘其特长，有了这两点，不怕学生不学习。你担心的不是孩子贪玩，而是孩子废寝忘食地学，所以这种学习是从兴趣出发，这个很关键。我姥姥的教育理念就是引导孩子做很多有意思的事，孩子在活动中学到了很多知识。我母亲是在这种环境下长大的。

我的舅舅 1947 年到了山西长治，参加了当地土改，回国以后写了一本书《翻身》。《翻身》这本书在美国影响非常大，1966 年出版的，轰动了美国，他还到各个地方巡回讲演。

　　我母亲不光喜欢学大自然之类的，她也特别喜欢体育，她参加了奥运会的资格赛，要不是二战她会参加奥运会的。那时候我母亲对政治还不感兴趣，她就喜欢大自然，她当时还去看那些冰川之类的。她到大学学的是物理，后来她在暑假就跑到康奈尔大学，就是我舅舅和我爸爸上的大学，跟着学物理的人一块儿研究怎么搞云室，在这里面她学会了焊接。她喜欢搞实验物理，她有一个感受是搞实验物理必须做前人没做的东西。在学校里学物理、化学要做好多实验，那些实验设备肯定是原来没有的，做前沿的研究都是白手起家，所以她来到中国以后搞的农机具也都是白手起家，很多人不理解，有人说她到了延安感到巧妇难为无米之炊，其实我母亲从来没有说过这句话，相反她说在中国搞农业机械和在美国做实验物理有一个共同的特征就是白手起家，而她动手能力非常强。

　　1946~1948 年她在芝加哥深造，一直在搞加速器，应该是前途无量的。改变我母亲命运的首先是美国在日本投原子弹，一下子 15 万日本无辜的老百姓化为灰烬，我母亲突然发现自己不能搞纯科学，必须考虑科学是为谁服务的问题。所以她就参与了"文人掌握核武器"的运动，1945 年夏天到 1946 年夏天，花了一年时间最后法律通过了，总统签署了，她以为万事大吉了，她就回到学术圈，到芝加哥跟着费米。到了芝加哥大学头一年还不错，大家谈着非常深奥的理论，她觉得特别有意思，但第二年发现很多东西越来越让她不能忍受，她偶然发现自己的奖学金来源于美国军方，也就是说她在实验物理上的任何发现、改进、发明都必然地、不由自主地要为美国进一步改进大规模杀人武器服务，良心不允许她继续研究核物理，她必须离开。那出路在哪里，怎么办？这让她非常痛苦。

我父母之前其实早就认识，我母亲在上高中的时候就带过很多高中同学到我爸爸的农场劳动过，她们两家的来往特别多。我的感觉是我爸爸早看上我妈了，但我妈对谈恋爱不感兴趣，我爸爸来中国后，一直写他在中国的所见所闻，他跟我妈说："你什么时候学物理都可以，你现在不来中国就错过末班车了，中国经历着翻天覆地的变化，你快来吧、快来吧，当然我也想你。"所以当我母亲发现自己所热爱的物理不可避免地为大规模杀人武器服务，她必须离开的时候，我爸爸的信起了作用。另外他的哥哥已经到中国，所以我母亲就决定离开。她要到中国来，看一看小米加步枪的威力。所以是中国革命把他们结合在一起的，没有中国革命你们今天也看不到我。

我父母结婚后住在延安，后来她要生孩子了，她也知道陕北的条件不行，也见过难产，她要保险一点，就到北京（那时叫北平）去了。她花了一个礼拜的时间从内蒙古和陕西边界坐毛驴车到了延安，花了几天的时间坐卡车到了铜川，从铜川坐运煤车到了西安，从西安坐客车到了北京。正好北京召开"亚洲及太平洋区域和平会议"，宋庆龄知道我妈来了，邀请她参加和平大会，所以我母亲就作为美国代表团的代表参加大会了。她在大会上提到自己所喜爱的核物理成为大规模杀人武器的事，她觉得科学家必须考虑自己的科学研究是为谁服务的问题。

我的名字也是在这次会议期间宋庆龄起的。

这样一来就把我母亲暴露了，因为美国的代表团发广播，全世界关心的人都知道了，美国发现失踪的科学家跑到中国去了，报纸上说是逃跑的间谍。我母亲一家甚至我父亲一家都被联邦调查局折腾，我姥姥的一举一动，他们的信件全被监视，我舅舅1953年回美国的时候，他本想通过加拿大，因为从加拿大到美国的边境非常松，你只要说你是美国的、哪里生的人家都放过来，很松的，结果他过边界的时候人家知道他是韩丁，把他所有的东西没收了，他给我姥姥写的信人家看到了。所以一场会议引起了很多好的和坏的东西。

在延安我父母做了很多农机具。她们的原料从哪来呢？战争留下的废铜烂铁，他们真是化剑为犁，他们把战争留下来的废铜烂铁化成铁水做锅做犁。

我母亲还设计了风车，结果失败了，大风把它吹坏了。我爸爸要推广四轮马车，四轮马车应该比两轮马车效率高，结果花了好多工夫做好了，结果发现无用武之地，也失败了，最后农场把一个四轮马车据成两个两轮马车。陕北都是羊肠小道，都用毛驴是有原因的。

经过多次失败，他们懂得了要先当学生后当先生的道理。其实学校给我们的是知识，不一定给我们智慧。什么是有智慧的人？就是你一点就灵，他没上过学，但你把道理一讲他马上就懂，这就是智慧。我父母在美国学到的知识和中国老百姓的智慧结合在一起威力非常大，所以他们后来从陕北调到西安农场一干就是十多年。

王震将军曾到农场告诉他们，要养 10 万只鸡、10 万只鸭，我妈养了一年半的鸭子。刚开始她觉得大材小用了，后来发现养鸭子也很有学问，你得想办法降低死亡率，弄清楚怎么繁殖得快，这里不光养鸭子本身是科学，那个团队有十几个人，怎么把大家变成同心协力的共同体去工作，其中也有科学，这是书本上学不到的。我母亲刚来中国的时候可以说是一个和平主义者，后来她一步一步地变成了一个共产主义者。

他们也自己改造农机具。苏联在北京有一个展览，我爸爸看

了苏联的铡草机，展览结束以后就把它拉到西安。原来铡草就靠
人力，特别费劲，有了苏联的铡草机效率提高了几十倍。但是铡
草机突然坏了，拿到农场去修，修好又坏，坏了又修，反复几次
以后我妈觉得这个设计有问题，她就找来图纸研究，最后改变了
设计，并把效率提高了 1 倍。农场人说咱们能修，能改造，干脆
自己制造，他们就开始制造从少到多销售到全中国。

还有冷冻设备，因为牛奶刚挤出来是暖和的，处于体温，细
菌特别喜欢，所以牛奶放那很快就坏掉了，挤完奶必须马上降
温，但是没有冷冻设备，早期只能用深井水和牛奶热交换，后来
他们搞了盐池，又从西安找了一个美军留下的冷冻设备制冷。

我妈又开始推荐巴氏消毒，也就是把牛奶加热到 80 摄氏度，
5 分钟以后再降温，这样的话牛奶保存时间长多了。

过去我们家住平房，1959 年好几个国家领导人来了以后说
让外国人住在那种地方影响不好，结果就给我们家盖了一个
别墅。

1962 年我姥姥非法来到中国。什么叫非法呢？因为当时美
国人拿护照是不能到中国来的。所以她先到了莫斯科，然后打电
话给我妈。我妈离开美国 18 年，突然母亲来了电话，她激动死
了，怎么办？我妈就联系宋庆龄，让她邀请我姥姥从莫斯科来到
中国，来到西安。

我姥姥可以说是一辈子的教育家，来到西安没事干，逮住我
了，要教我英文，结果她一句中文都不会，我一句英文都不懂，
我们俩就没法沟通，她最后特别失败，说从来没有见过这么顽固
的孩子。

美国一个老太太到中国来，我们那里的厕所都是茅房，都是
蹲的，农场怕老太太不习惯，所以就在别墅里安装了一个抽水马

桶，但是农场没有自来水，怎么办呢？就扛水，让她上厕所。这是当时我姥姥来中国的故事。

我那时候觉得农场就是我们的家乡，人们说家乡是哪里，对我来讲就是西安农场，现在是西安高铁北站。

我不知道你们的感觉是什么？你们觉得城市好玩还是农村好玩，我觉得农村好玩。我上一年级在北京待了一年，大城市新鲜感早就没了。农场养兔子、养鸽子。我们那时候捉迷藏，我看《地道战》电影，然后在我们家地里这儿挖一个坑，那儿挖一个坑，把它们打通了，然后从这里钻到那里，那自豪，那高兴。我爸爸回来一看：怎么回事？以为我妈批准了，没说话；我妈回来一看也觉得不对劲，以为我爸批准了，没说话。结果他俩再一对话马上把我狠狠批了一顿，因为那是沙土，会塌方，很危险。

后来也不知道怎么回事，上级领导又要把我父母调到北京。我父母好几次都不愿意去，动员了几次，最后基本上命令了。他们为什么不愿意到北京呢？他们在西安从事的是自己喜欢的工作，我爸喜欢奶牛，我妈喜欢搞农机具，到北京让他们干什么呢？让他们把中文翻译成 Chinglish（中式英文），然后他们再把 Chinglish 翻译成 English（英文）。他们如果喜欢文学干吗养牛？干吗学物理？所以他们特别不愿意。我弟弟妹妹以为到北京好，高兴死了，结果他们到北京倒霉了。他们在西安上的是职工子弟小学，上学学习，放学干什么？玩！我弟弟妹妹到了北京新鲜感一过苦闷死了，他们被安排在重点小学，早上早自习，晚上晚自习，一天到晚都学习，他们根本受不了，经常哭，不愿意上学，所以我父母特别无奈。

中美关系缓和之后周总理 5 次接见韩丁夫妇和我父母，我就跟着他们，总理的接见确实了不得，印象特别深。

我父母从 1966 年调到北京到 1972 年这 6 年离开了生产一线，从事文字工作。1972 年到了北京南郊的红星公社，在那里又进入了生产一线。

1980 年，我父母开始大搞机械化，他们搞了青饲收割机等。他们带着中国人到美国去学习、考察。他们还去见了老同学，跟杨振宁等聚会。我妈跟老同事们聚会，因为他们都是各个大学物理学领域的主力军，都是搞科研的。所以我有幸跟着她转了很多地方。

我妈回来以后自己设计了一些东西，比如冷冻奶罐，懂得原理以后自己就实验，在上海做成了，现在人们还在用冷冻奶罐的技术。我妈还专门到美国胚胎移植的公司培训了几个礼拜，回来就把胚胎移植技术拿到中国，他们农场就通过胚胎移植技术很快改变牛群的质量。

20 世纪 90 年代就不一样了，大量外国农机进来以后，80 年代做的东西基本上全军覆灭，所以她们老了以后只能坚守他们的一片小农场，就在北京的郊区。

杨振宁后来还看望过我母亲好几次。

我父母留恋新中国的原因有好几层。从个人角度，他们离开了资本主义社会的个人奋斗圈，进入了为解放人类而奋斗的大事业。他们要帮助改造中国当时生产力落后的面貌；他们要探索自然的客观规律；他们有一个不为资本和少数人的利益服务的大环境。他们有着"金饭碗"，不是铁饭碗，他们需要什么国家给他们什么。我姥姥来中国，整个经费是国家包的。我姥姥生病了，周恩来派医疗队去，所以我父母不需要为自己的生存而奔波。他们要求大家吃什么我们吃什么，大家穿什么我们穿什么，大家住什么我们住什么，他们不当人上人，也不当人下人，就是大家平等。这样他们可以把自己的爱好和人民的需要融为一体，他们可以把科学家的好奇心带到自己从事的行业中。

还有一个角度就是他们这一代人目睹了世界大战对人类的摧残，目睹了核武器对人类生存的威胁。他们认识到只要霸权存在，人类就得不到解放。他们愿意参与中国的社会主义建设，帮助一个贫穷落后的国家富强起来。他们做自己喜欢的，又用自己的行动帮助全世界人民求解放；他们将这两个东西合在了一起。

智慧诸葛亮

梅铮铮

梅铮铮 ✎

成都武侯祠博物馆馆务委员、学术委员会委员、研究馆员；成都市诸葛亮研究会会长；成都历史学会副会长。从事三国文化研究30余年，在文博和历史、民俗研究方面颇有成绩。

诸葛亮的政治智慧

诸葛亮第一次出现在人们的视野中是东汉建安十二年，也就是公元207年，刘备三顾茅庐。在此之前，诸葛亮一直过着半隐居、半耕读的生活。这期间的诸葛亮生活较为闲适，主要表现为一面耕种田地，一面广交朋友，勤奋读书学习。直到建安十二年，历史让刘备和诸葛亮君臣二人有了一个见面的机会。当时的刘备经过半生厮杀，但是成效不大，仍寄居他人篱下。刘备是一个很有志向的人，很想成就一番事业。要干大事完成心中的梦想，就需要积聚力量、广纳贤才。听了诸葛亮的师长和朋友的推荐之后，他不惜放下身价三次到诸葛亮的茅庐请这位"隐士"。

刘备和诸葛亮一见面都觉得非常投缘，于是双方推心置腹说了一番话，这在《三国志》里有完整的记载。刘备很恭敬地向诸葛亮表明，现在汉室衰微，奸臣擅政，他因能力有限而屡遭挫折。但仍壮志未已，来拜望是希望得到赐教。诸葛亮也不谦让，从容自信地讲出一通宏大论述。这就是传扬千古的《草庐对》或者叫《隆中对》。这段著名的论述中心意思就是明确告诉刘备要想夺取天下首先要分清形势。北方的曹操目前势力过于强大，"此诚不可与争锋"，不能正面与之抗衡，要找外援，找盟友，找谁呢？那就是目前割据江东的孙权。孙权现在已占据了江东广阔的地域，经过他父亲孙坚和兄长孙策的多年经营，加之本人不断的努力后，"国险而民附，贤能为之用"。就是孙权占有长江天险的地理优势，民众拥护他，还有一批贤能人才为他效力。这应该成为我们的盟友，你别打他的主意。另外，你想在乱世中立足，就必须依靠和发挥人的力量。曹操跟袁绍比起来身世名声卑微而且兵力也弱，但是曹操为什么能打败袁绍？这不仅在于天时，更在于人的谋划。一个没有经历过世事和大战的人，竟然对天下的形势了如指掌，分析透彻，这充分显示出诸葛亮远大的目光和极高的政治智慧。最后诸葛亮告诉刘备，现在荆州是充满危险的地方，北方有强大的曹操，只有东边的孙权可以成为我们的援助盟友。诸葛亮明确告诉刘备：益州沃野千里，地理位置险要闭塞，那是物产丰富的天府之土。汉高祖就是凭借那里而开创了汉家大业，这是你创建基业的地方。而且益州的地方长官刘璋能力低下，具有智慧和才能的人士都想得到一位英明的领导人，你应该到那里去发展。现在你占着荆州，将来再夺取益州，凭借那里险峻的山脉保卫所辖境地。将来夺得益州之后还要做几件很重要的事，对内要努力改善政治环境，对外要与孙权结好同盟关系，内外两方面都要做好。同时还要注意跟西边各少数民族和睦相处，南边应安抚少数民族和越人。这是因为益州的地理环境特殊，它跟周围少数民族居住的区域接壤，所以一定要跟各少数民族搞好关系，这样才能使你的政权强大。这是诸葛亮政治智慧的高度体现，他为刘备规划将来发展的方向和如何做大做强，同时也暗示刘备不能急于求成，要寻求机会。机会是什么？就是"天下有变"，也就是说要么孙权和曹操打起来了，或者天下发生了什么重大事件，那么你就命一上将从荆州带兵向南阳、洛阳方向进攻。而将军你自己则亲自带兵出秦川，即从秦岭以北的平原地区形成两路合击。那时候老百姓就会带着食粮前来迎接你。那样的话，将军的霸业就可以完成，汉室可复兴，你的梦想就可以实现了。这就是诸葛亮的一种高远的目光，给刘备指出了一条创建功业的可行之路。

刘备出来以后，对他的好兄弟关羽、张飞感慨地说："孤之有孔明，犹鱼之有水也"，这句话就充分显示了刘备对诸葛亮非常信任。而刘备三顾茅庐也成就了历史上的一段佳话。诸葛亮也就此离开山野之地，走上了为刘备出力创业的从政之路。

那么问题来了，公元 207 年诸葛亮出山虚岁 27 岁，年龄不算小了吧，若你想建功立业，早些年干什么了？为什么单单要等到刘备来呢？从这里我们看出，诸葛亮自有他择主的标准。我们大致给他做了一个归纳，诸葛亮的择主标准至少有以下三个：第一，此人的价值观要正确，要为了天下而不是为了个人私利；第二，此人必须具有雄才大略、努力拼搏的精神；第三，此人必须胸怀宽广，并能赏识贤人。根据这三个标准，我们来看为什么诸葛亮对一些拥有势力的诸侯豪强不感兴趣。

他为什么不投刘表？刘表近在眼前，当时的身份是荆州牧。而且此人对外号称"八俊"人物之一，即被列为汉末名士八位之一，名声还不错，但是诸葛亮为什么不去投他呢？根本原因是诸葛亮瞧不起刘表。史书记载，刘表这个人"外宽内忌，好谋无决，有才而不能用，闻善而不能纳"。这几项全是"差评"，与诸葛亮心目中的贤能之主标准差距很大，所以诸葛亮没有瞧上他。

他为什么不去找曹操？历史上的曹操可称雄才大略，在宋代以前人们对曹操的评价还是比较高的，他被作为奸臣的代表是在宋代以后。评价历史上曹操这个人，其实很难用一句话来总结。欣赏他的人都说他好，不喜欢他的人说他坏，总之，曹操是一个个性非常鲜明的人物。这个人在当时具有很强的号召力，曾多次颁布"求贤令"，"唯才是举"。所以好多人都去投靠他，连诸葛亮的朋友孟公威、崔州平等人学成了以后都要到北方去，暗示着去投靠曹操，但是曹操跟诸葛亮的道德价值观是不合的。最明确的一条，诸葛亮最不能接受的就是曹操"挟天子以令诸侯"。诸葛亮是属于正统教育下的知识分子，而"挟天子以令诸侯"的行为叫作"篡逆"，道德上是站不住脚的。再加上他的个人性格十分残忍，为报父仇，攻打彭城，竟滥杀无辜，"死者万数，泗水为之不流"。曹操曾谋刺董卓，被董卓发现了，他就跑到他的朋友吕伯奢家里去了，结果引发吕伯奢家一场血案。虽不同的史书对此有不同的记录，或说主动杀人，或说是误杀，不管怎样的说法杀人是肯定的，而且是杀无辜的一家人。并且杀了人不仅没有一点愧疚，还说"宁我负人，毋人负我"。凶狠、残暴、没有人性，极度狭隘的利己主义暴露无遗，所以诸葛亮把他排斥在外，绝不可能投靠他。

还有孙权，看来也是不错的。孙权能够在乱世中成为一方雄主，而且最终建立起自己的国家，必然有他的过人之处。但是他跟诸葛亮的性格也不太搭，他们二人有过一次见面的机会，那是他奉命去说服孙权跟刘备联合的时候。孙权跟诸葛亮就如何对待当前不利形势有一番交流。言谈中孙权非常欣赏诸葛亮的才能，就让手下第一谋士张昭去劝说诸葛亮留下来。诸葛亮明确告诉张昭说："孙将军可谓人主，然观其度，能贤亮而不能尽亮，吾是以不留。"态度十分鲜明，他认为孙权将军也是一个可以做领导的人，但是经过跟他交流和沟通，诸葛亮感觉到他的度量能够把自己作为贤才而敬重，但不能让自己充分发挥个人的能力。言下之意就是说孙权识别人才方面虽然精明，但不具备英明君主的心胸，对他这样的人才还是有所顾忌的，所以孙权也不是他要选择的人。

他最后选择了刘备，为什么呢？时人对刘备的好评为"宽仁有度，能得人死力"。也就是说他是有仁爱之心的人，为人宽厚，能让人为之努力效死。我们举一个例子。曹操南下，荆州刘琮不战而降。曹操顺势要解决刘备，刘备自知不是对手，立即从新野撤退。新野的官员和老百姓听说刘备要撤退，纷纷扶老携幼跟随他一同撤离，随行者竟然有10万之众。刘备和这10万人行进缓慢，一天只能走十多里路。手下的人着急了就告诉刘备，说曹操大军紧追在后头，我们每天就这样行军的速度，必定会被追上，还是赶快逃吧。言下之意就是抛开老百姓独自撤离。这时刘备说了一句"夫济大事必以人为本，今人归吾，吾何忍弃去"，意思是说，要成就大事，民众一定是依靠的基础，现在面临危险时刻他们都跟我一起逃难，让我怎么忍心抛弃他们而自己逃命呢？真心也好，假意也好，毕竟这件事情充分说明刘备的仁爱不是装出来的，不是假的，他真是做到了。当然，诸葛亮跟随刘备还有一个重要原因，他认为刘备身份正统。中国古代做什么事都讲究"必也正名乎"，做什么事如果名不正言不顺就要受到谴责。而刘备恰恰具备继承皇帝位的资格，史书记载他是"汉景帝子中山靖王胜之后也"，即西汉景帝儿子中山靖王刘胜的后裔，跟他做事情就是名正言顺的，所以诸葛亮跟随刘备是必然的选择。

诸葛亮的军事智慧

诸葛亮出山不久就遇到大事，荆州权力的继承者刘琮投降了。接着曹操大军南进攻打刘备，在长坂追上仓皇撤离的刘备队伍并将其击溃。刘备大败之后一路狂奔到夏口，情况非常危险。这时孙吴的鲁肃前来打探情况，诸葛亮主动请命要到孙吴去跟孙权谈联合抗曹大事。

其实孙权早就在今天的九江（当时叫柴桑口）观望江北的战局。眼看刘备被打败了，猜测曹操下一步会怎样。就在他的心情十分焦灼不安之时，诸葛亮出现了。我们来看诸葛亮用了什么理由把孙权说服跟势力弱小、刚刚被打败的刘备建立联盟的。

诸葛亮见到孙权之后的对话很有意思。他首先告诉孙权，现在形势是海内已大乱。您在江东起兵，刘将军也在汉水南面召集人马，与曹操争夺天下。但曹操已打败了各支人马，他大致平定北方，接着又攻破荆州，刘将军吃了败仗才逃避到这里。接着告诉孙权，从目前状况来看已经十分危险了，若是您能举全部江东力量来和曹操抗衡的话，不妨就和曹操为敌。若不敢对抗曹操，那就按兵不动，向曹操屈膝称臣等他来接管。诸葛亮最后指出孙吴方面最坏的选择是表面上臣服曹操内心却犹豫观望，事情到紧要关头还不做出决断，这样就等着大祸临头吧。诸葛亮的意思很明确，要么和曹操作对，要么就举手投降。孙权反问说，你们刘备为什么不投降呢？这时候诸葛亮严肃地告诉他，田横不过是齐国的一名壮士，他尚且能坚守大义宁死不受屈辱，何况刘将军是汉室宗亲，英才盖世。就算是没有做成大事，那不过是天意如此，怎么能向曹操低头呢？孙权听了这话当然不高兴了，说我绝不能把江东这么大的地盘和 10 万军队拿给他人摆布。但是你们刚吃了败仗，怎么对付强大的曹操？诸葛亮看出了孙权的疑惑，他信心十足地给孙权分析了眼下的形势，说：刘将军虽然在长坂遭到挫折，现在陆续归来的士兵加上关羽的水军，还有 1 万多精锐。刘琦在江夏的将士也不止 1 万人。曹操虽然人多势众，但是远道而来必然疲惫。听说追击我们时，骑兵一天一夜急行军 300 多里，这就犯了兵家的大忌，已经成强弩之末了。再者，他们北方之人不习水战。您不要看荆州那些老百姓都投降了，那是逼兵势耳，非心服也。什么意思呢？就是告诉孙权，荆州人是因曹操拿着剑指着脑袋，敢不服从吗？所以并非真心向着曹操。现在您如果确实能派猛将率领几万雄兵与我们协力，那么打败曹操是必然的。一旦曹操失败，退还北方，这样一来孙、刘的势力强盛起来，鼎足分立的格局就形成了。成败的机会，就在今天啊。孙权这才脑洞大开，决定召集大臣们商量此事。在这关键的时候孙权收到了曹操的一封书信，信中字不多，但态度明确。曹操告诉孙权：我现在奉皇帝的诏令讨伐那些有罪的人，刘备被我打败了，刘琮也降服了。现在我有水军共 80 万人，准备过江来跟将军好好会猎一场。这是干什么？这是赤裸裸的威胁。孙权因得到了诸葛亮带来的刘备合作的意愿以及透彻的分析，再加上周瑜和鲁肃跟诸葛亮所说的如出一辙，孙权联刘抗曹的信心坚定了。由此孙、刘联合于公元 208 年打了一场中国古代历史上以少胜多、最终奠定三足鼎立之势的著名战役——赤壁之战。

赤壁之战后，曹操退回北方，孙权竭力扩大地盘，周瑜乘胜西进夺取南郡。刘备也没有闲着，急忙向南出兵抢占地盘，先后攻取武陵、零陵、长沙、桂阳等郡。经过一年的争夺之后，荆州北面的南阳郡掌握在曹操手中，刘备占据了荆南四郡，孙权夺得中部的江夏、南郡，荆州全境被三家瓜分。刘备在不断地把势力扩大之后，寻机西进，最后打败刘璋得到了益州。公元 221 年在成都称帝，诸葛亮为蜀汉丞相。

公元 219 年关羽出兵荆州，攻打襄阳，最终兵败被孙吴擒杀。到了公元 221 年 7 月，称帝不久的刘备愤恨孙权杀了关羽夺回荆州，便亲率近 5 万人马沿长江东征。其实讨伐孙吴为关羽复仇仅仅是出兵借口之一，另一个目的是要夺回荆州。因荆州地理位置非常重要，是从益州沿长江东进的门户。刘备这个人虽然性格坚韧、宽厚，具有汉高祖的英雄风范，在政治上具有很强的号召力，但他不通晓兵法，带兵打仗确实不行。所以东征第二年 6 月，被孙吴陆逊大败于夷陵的猇亭。公元 223 年，刘备病重，托孤给诸葛亮，不久病逝于永安宫。此后，受托孤之重的诸葛亮成为蜀汉政权的最具权力的人物，开始发挥他治理国家、管理民众的才干。

刘备死后，诸葛亮面临的最重大危机就是蜀国的后方出问题了。刘备集团管辖的益州郡面积包括今陕西南面的汉中、整个四川以及云南、贵州等区域。它的后方是南中地区，包括今四川的西南部、云南和贵州两省以及广西北部广大区域。这一地区在汉代称为西南夷，是各民族杂居地区。生活在本区域的民族众多，各族之间关系复杂，与朝廷的矛盾历来就存在，只不过有时缓和有时尖锐。刘备去世以后，当地豪族大姓杀害朝廷官员，挑起民族和蜀汉朝廷的矛盾，南中爆发了大规模动乱。一开始诸葛亮对这地区的动乱采取忍让政策，这是因为刘备兵败之后国力虚弱，诸葛亮不得不以怀柔政策加以安抚。在安抚南中的同时，诸葛亮多次派遣使臣出使孙吴，谋求恢复联合，一致抗曹。在经济方面，他采取了一系列政策和措施加以恢复。到经济恢复，国力强盛之后，于建兴三年（公元 225 年）诸葛亮亲自带兵南征。

诸葛亮春季出兵，当年秋天南中平定，诸葛亮班师回成都。南征以诸葛亮全面胜利而告结束，朝廷的统治地位稳固了。其意义表现在以下几个方面。第一，汉民族的一些先进文化与当地民族文化交汇融合。第二，带去了很多先进的生产技术，促进了西南边区少数民族经济的开发。第三，南征可以看成一次军事实战训练，蜀国不仅达到训练军队的目的，也从中获得大量兵源和战备物资，为北伐做了充分准备。

诸葛亮南征仅仅是他治理国家的一项小目标，如果他安于现状，固守汉中，安定南中，朝廷稳定，百姓富足，他就已经达到目的了。但诸葛亮并不满足于在益州实现他的社会价值，他要完成刘备集团创业的梦想，那就是实现更高的目标："兴复汉室、还于旧都"，实现统一天下的理想。于是南征之后，他开始着手"鞠躬尽瘁"为之努力的北伐曹魏的军事行动。

蜀汉建兴六年（公元 228 年），诸葛亮率数万人马北上，开到了北伐前线——今天的陕西省汉中市，诸葛亮北伐的大本营设在汉中。汉中位于秦岭之南，大巴山脉以北，是益州北面最重要的基地。成都是大后方，这边是前线。从公元 228 年一直到公元 234 年诸葛亮去世，这 6 年中诸葛亮 5 次主动进攻，还有一次是防御，这就是后代人所谓的"六出祁山"。不过真正西出祁山与曹魏军队作战只有两次，但人们习惯将诸葛亮北伐的军事行动统称为"六出祁山"。

第一次是建兴六年（公元 228 年）春天，诸葛亮的主力西进往祁山出击。另派赵云、邓芝佯攻郿城，吸引曹真的主力。由于多年没有战事发生，加上诸葛亮亲自指挥的军队阵势整齐，号令明确，攻击迅猛，很快，天水、南安、安定三个郡都叛变曹魏而响应蜀汉，顿时关中地区大受震动。诸葛亮的军事行动本来进行得很顺利，没想到关键时刻马谡丢掉了街亭，不得已诸葛亮只能迅速将军队回撤，第一次北伐就这样草草收场。

第二次是在当年的冬天，诸葛亮发兵北上，这次是沿着陈仓道攻打陈仓。陈仓道又称故道，是汉中通往关中的古道之一。陈仓是什么地方？大致位置是今天的陕西省宝鸡市东面。诸葛亮以为凭借军队的实力和他的亲自指挥，打下陈仓城应该问题不大。但没想到遇上了一个特别能战的郝昭顽强抵抗，20 多天诸葛亮竟没攻下来。后来曹魏的援军赶到，蜀汉人马的军粮也差不多耗尽，只能退回汉中，第二次也就这样结束了。

第三次是建兴七年（公元 229 年），诸葛亮派陈式攻打武都、阴平二郡，他亲自领兵牵制曹魏主帅郭淮，陈式攻击得手。这次蜀汉军队取得了一个阶段性的成果，武都、阴平两个郡至此一直在益州的控制之下，直到蜀汉灭亡。

诸葛亮连续三次主动出击引起了曹魏政权的注意。当时的魏明帝曹睿主要力量放在东面与孙权对抗，没想到蜀汉这么小的国家竟然敢挑衅中原大国，于是将注意力放到了西面，把在东边对付孙权的司马懿、张郃，再加上大将军曹真，全部调过来准备全力攻蜀。三支人马中司马懿由西城、张郃由子午道、曹真由褒斜道分兵南下，想要一举打败蜀国。诸葛亮也不示弱，屯兵城固、赤坂，修筑乐城、汉城严阵以待。双方虽拉开决战架势，但是没打起来。原因是老天爷接连下了一个多月的雨，大雨将古道上的栈道冲垮了，致使曹魏无法进军，于是就主动撤了。这一次双方虽然没有发生战斗，但动员的人马很多，曹魏是主动出击，诸葛亮是主动防御，所以后人也把这次算成诸葛亮"出祁山"。

第四次和第五次，建兴九年（公元231年）诸葛亮再出祁山，用木牛运输粮食。这次的对手是曹魏最有心计、老谋深算的司马懿，主要战斗围绕天水一带展开。我们说诸葛亮不是北伐吗？你去打攻陈仓、长安呀，你跑到西边的祁山去干什么？我个人认为诸葛亮去打祁山是为了获得更充足的军粮和战马。古人作战兵马未动粮草先行，诸葛亮深知其中的道理。汉中郡物产丰富当然是北伐最高指挥部的首选之地，但要养活那么多兵马就显得有些不足了，所以诸葛亮军队的后勤补充主要还是靠成都往北边运，这就存在路途较远、运输困难的现实问题。所以诸葛亮为了自行解决军粮问题，只能向西边获取，因为天水等地沿河西走廊一带出产麦子，这样可就地补充军粮。司马懿当然知道诸葛亮军队粮少是大问题，所以采取避而不战的战术。几次交手后，粮食耗尽诸葛亮只得后退。司马懿一看诸葛亮撤兵，马上命令张郃去追击。张郃追到了木门道——今天甘肃天水一带。木门道是一条狭长的通道，最窄的地方只有50米宽，很适合打阻击。结果张郃就中了诸葛亮的埋伏，万弩齐发，可怜一代名将张郃被乱箭射死。这是诸葛亮北伐以来获得的一个不小的战绩。这是五出祁山的战绩。

第六次，建兴十二年（公元 234 年），诸葛亮倾全国之力，浩浩荡荡地率了 10 万大军沿着褒斜道翻越秦岭北进，用流马运输军粮，屯兵到了五丈原。获知诸葛亮出兵的消息，司马懿率领近 20 万大军渡过渭水在南岸安营扎寨，以逸待劳，双方就这样隔着渭水对峙。诸葛亮毕竟兵少，不敢主动地去发动正面的强攻，他得寻找战机，但是司马懿一直不出兵与诸葛亮对决。诸葛亮分兵屯田，决定打持久战。另外，为激司马懿出战，还派兵士给司马懿送去女人用的东西，目的是羞辱对方。司马懿当然知道诸葛亮的用意，依然坚守营寨不出兵。这年八月，诸葛亮积劳成疾，病死在五丈原军中，时年 54 岁。

我们说诸葛亮是智慧型的军事家，他训练士兵、行军作战几乎是按照兵书上的方式来的，诸葛亮死了以后，蜀兵撤退，司马懿找到诸葛亮驻扎过的军营，巡看蜀军的营垒布置，就说了一句话："诸葛亮真是天下奇才呀！"因为他看到了诸葛亮布置的营垒有条不紊。哪个地方是中军帐，哪个地方是士兵住的营帐，哪个地方是兵器库，甚至厕所、厨房、马厩等都安排得井井有条，完全是教科书般的布置，司马懿不由得赞叹和佩服诸葛亮是天下奇才。

诸葛亮的科技智慧

诸葛亮的智慧表现在很多方面，我们这里讲的主要是他在军事方面的科技创造。当年诸葛亮除了在训练军队和士兵军事素质方面有突出表现外，他为了增强军队的战斗力，对军队的常规武器也进行了改造。

1. 诸葛连弩。弓箭最初运用于狩猎，后在军事行动中普遍使用。弩机则是中国人最早使用的武器，较之弓箭使用起来更方便。诸葛亮对古老的弓弩进行改进，由一次射 1 支箭，改造成一次射 10 支箭，发明了"十矢俱发"的"连弩"。但是很可惜，我们今天只能从史书中知道这种攻击效率极高的先进兵器，至今没有一件实物出土，所以我们无缘见识它的真面目。

2. 八阵图。古代人因使用冷兵器作战，非常讲究排兵布阵。八阵图是诸葛亮对古代军事建设的一个突出贡献。史书记载他"推演兵法，作八阵图，咸得其要云"。使用八阵图训练士兵和作战历史悠久，早在春秋战国时期就非常盛行，诸葛亮对"八阵"进行改造，以适用于防御、进攻以及各种复杂的地形作战。《三国演义》为了神化诸葛亮的智慧，对八阵图进行了文学的夸张，这是不符合历史的。简单地讲，所谓八阵图，就是军队行军、作战、防御过程中采用的不同阵型。八阵图的遗址原来有三处：一处在重庆奉节的长江边上，三峡大坝修好了以后那里被淹了；另一处在汉中，可也因为城市基础建设消失了；仅存的一处位于成都青白江区弥牟镇，最完整的时候有 64 个土堆，现在还剩下 6 堆。这些小土堆承载着历史，也保留着诸葛亮的军事科技之谜，因年代久远，这些土堆的具体作用是什么我们完全无解，不过这倒增添了人们的探索兴趣。

3. 木牛流马。《三国演义》勾起了人们对书中诸葛亮发明的木牛流马的浓厚兴趣。木牛流马是什么东西？历史上诸葛亮真的发明了这样类似机器人的东西吗？我们说，木牛流马是真实存在的，也的确是诸葛亮在北伐过程中发明的，但没有小说描写得那样神奇。那么，这东西长得什么样呢？回答是：不知道。我们只知道木牛和流马是诸葛亮北伐时发明的两种用于运输粮草的工具，发明时间在上面也已说过了。根据文献记载，木牛是建兴九年诸葛亮再攻祁山时发明的，一头木牛大约可以运载一个士兵一年之粮，大概 700 ~ 800 斤。因往西边的道路比较平坦，所以木牛的载重量大。流马是建兴十二年就是诸葛亮最后一次北伐时发明的，一匹流马大致可运载一个士兵一月之粮。汉中往北的道路主要是山区狭窄的古道、栈道，所以流马的运载量较小。诸葛亮曾写了一篇做木牛流马的文章，他似乎想告诉我们怎么制作。虽然这篇文章文字我们都认识，但是其中的玄机没有人能识得，所以直到今天我们也无法窥探其真相，这算是诸葛亮留给我们的一大谜团吧。

诸葛亮的管理智慧

诸葛亮是蜀汉丞相，负责朝廷全面的管理职责。第一，蜀汉初建，他治蜀首先强调的是以法为先，法律先行。他与法正等 3 人共同制定了蜀国的法律《蜀科》，该法赏罚分明，不分尊卑。这样的例子很多，比如马谡跟诸葛亮关系好得不得了，马谡视诸葛亮像父亲一样。但是诸葛亮第一次北伐他领兵负责守街亭，违背诸葛亮的部署，调动不当丢掉了街亭。诸葛亮挥泪斩马谡，绝不姑息。而街亭之战的副将王平因为坚持了正确的布兵方针，军队完整撤回，诸葛亮对他进行了奖励，这叫赏罚分明。同时诸葛亮认为自己用人不当，要负主帅的责任，所以写了一个自贬官三等的疏上报朝廷，这是他以身作则的担当和承担责任的勇气。

第二，诸葛亮为了给朝廷培养后备的人才，在成都筑台求贤。汉末三国时期，各有实力的人物都在招纳人才方面花了大力气。曹操更是三次颁布求贤令，他招人才不拘一格，唯才是举。但诸葛亮考核人才的标准不仅是才干，还十分注重人品和德行，强调德才兼备。像杨洪、伍梁、何祗这些本土人士，他们不具备高贵的出身，但经诸葛亮考察之后都被重用。

第三，诸葛亮治理蜀国的重要理念就是以农为本。古代中国是农耕文明，努力发展农业，老百姓有粮食吃，国家才有发展的基础。蜀地本身是一个富庶之地，沃野千里，号称"天府之土"，但因刘焉、刘璋父子昏庸，几十年管理失序。为了改变这一状况。诸葛亮决心从根本做起，其重要举措就是重视水利，加强农业基础建设。我们看到的都江堰虽不是诸葛亮修筑，但作为官方维护的水利设施，第一个设立"堰官"是诸葛亮提出来的。历史文献记载诸葛亮在蜀国人力匮乏的情况下，每年都派出1200名兵士去都江堰维修，保障川西平原的农业生产。

第四，他还在成都城南建立了一个锦官城。锦官城是做什么的？按照通俗说法，这是诸葛亮为蜀国建立的一处高新技术开发区。古代巴蜀地区的蜀锦生产历史悠久，古蜀国的蜀字就是蚕的象形文字。三国时期诸葛亮在蜀地恢复生产，其中经济发展的重要举措就是大力发展蜀锦。早在两汉时期，蜀地的蜀锦就通过南、北两条古道远销世界各地，这两条通道就是后来所称的丝绸之路。诸葛亮治蜀发展蜀锦，对于增强国力起到极大作用，他曾说："今民贫国虚，决敌之资，唯仰锦耳。"自此，成都又简称为"锦城"或"锦官城"。

诸葛亮的人生智慧

诸葛亮十多岁因躲避战乱离开了山东老家，随他的叔父诸葛玄一路到江西，后来到湖北荆州。叔父去世后，他在襄阳城西隆中躬耕陇亩，过着平淡的生活。用他自己的话叫"苟全性命于乱世，不求闻达于诸侯"。隐居期间拜师求学、广交朋友。他的老师都是当时名士，如庞德公、司马徽等。所交的朋友也是好学之士，像徐庶、孟公威、崔州平、石广元之类。诸葛亮的读书方法不像其他人那样"务于精熟"，而是"独观其大略"，也就是他不想走传统的寻章摘句、读书做官的儒生老路，只探求书中的精华。由此他的老师司马徽在向刘备推荐他时说：那些凡俗的儒生怎么能识时务？"识时务者在乎俊杰，此间自有伏龙、凤雏"。这里的"伏龙"，就是诸葛亮。他的好友徐庶也对刘备说："诸葛孔明者，卧龙也。"可见他们眼中的诸葛亮，的确具有超乎一般人的才华。

诸葛亮人生智慧不仅表现为严格要求自己，也表现为对后代严格要求，不偏不袒。从治学到立身等，都不厌其烦叮咛周至，谆谆教诲。他写给后辈的《诫子书》《又诫子书》《诫外甥书》，都是流传久远、具有教育意义的良好教材。今天人们常常挂在嘴边的"淡泊明志、宁静致远"，这句话就出自《诫子书》。

在讲究厚葬的汉代，诸葛亮提倡薄葬。他在遗嘱中说，他死了以后葬在定军山下，"因山为坟，冢足容棺，敛以时服，不须器物"，反映出他的淡泊。我们今天在陕西勉县定军山下可以看到一个简朴的诸葛丞相的墓冢。另外，诸葛亮还是第一个向朝廷公布私产的高官。他有多少私产呢？他在《自表后主疏》中说："有八百株桑树，不太肥沃的田地十五顷。"明确说"我的子弟衣食已经有富余；至于我在外面任职，也没有另外的财物征调和收取；我的随身衣物和吃的食物也都是朝廷供给的；我不经营产业，也没有以此谋取私利；我死了以后不让家中有多余的布帛、家外有多余的财产，以免辜负了陛下对我的厚望"。那么诸葛亮死后是否真的像他自己说的那样呢？《三国志》作者陈寿在诸葛亮这篇疏后面用了6个字"及卒，如其所言"。表明诸葛亮死后正向他所说的那样，言行一致。这6个字看似简单、平淡，但真能抵得上万言评语。一个封建时代的高级官员，在社会动乱、官吏贪婪、民不聊生的情况下，竟然能够坚守住自己的廉洁，同时教育了很多人，这就是一个了不起的人。所以有人说诸葛亮不仅是一个充满智慧的人，他还是一代廉相。

曾国藩识人用人之道

肖　敏

肖　敏 /

　　曾在四川省社科院、四川省政府广州办事处、羊城晚报出版社工作。

国家之强，以得人为强

　　综观中国历史，一个强盛的王朝都有当时最优秀的人才辅佐君王，为他出谋划策，为他征战四方，为他治理国家。

　　大家知道周文王是周朝开国之君，他对人才很爱惜，采取了"笃仁""敬老""礼贤下士"的国策，使天下的贤士纷纷投奔于他。"姜太公钓鱼，愿者上钩"的故事就很能说明周文王不惜一切网罗人才、大力搜求人才的战略决策。这个决策为周武王伐商储备了大批人才，最后周武王终于灭掉了商朝，建立了不世之功。

　　曾国藩在周文王的身上学到了"得人才者得天下"这个道理，对其礼贤下士、勤修内政也是倾心佩服，非常称赞。他说周文王"阅数百载而风流未沫"。当时的昆夷是一个少数民族，势力比较强大。昆夷的首领是一个女的，周文王就把昆夷女首领当作姑姑来对待，非常尊敬。因为周文王很聪明，懂得当实力不如对手的时候，不妨把姿态放低一点，避免发生正面冲突，这样才能够更好地发展自己。这对曾国藩以后采取正确的战术和决策起到很大的作用。

　　刘邦在 48 岁以前仅仅是村野亭长，并没有什么突出的才能，却能把英雄盖世的楚霸王逼得乌江自刎。他凭的就是拥有众多的人才，并且善于使用他们。刘邦建立西汉王朝以后曾和大臣王陵有一段对话，这段对话说明了很多情况。刘邦说："运筹帷幄之中，决胜千里之外，我不如子房；镇守边疆，安抚百姓，筹备军粮供应前方，我不如萧何；连兵百万，每战必胜，每攻必破，我不如韩信。此三子皆人杰，我能善用他们，所以得了天下。"刘邦能成为开国之君，建立西汉，并不在于他自己有什么过人的勇气、才能，而在于他用别人的长处弥补自己的不足，所以能够成就一番霸业。刘邦的用人之道对曾国藩触动很深，所以后来他能千方百计地寻求各方人才，并合理安排，努力发挥每个人的长处，这是他在刘邦身上学到的。

　　唐太宗李世民也是非常善于用人的君王，更是曾国藩倾心佩服的。李世民具有远见卓识，能把控全局，你是君子也好，是小人也好，他都能把你安排到最恰当的地方，让你的长处发挥出来。当时李世民身边有两个重要的人，一个叫房玄龄，很善于谋划，做什么事情都策划得很周到；另一个叫杜如晦，杜如晦不善于策划，但善于判断，对于任何事情他都能很快分析出利害关系。李世民看到他们的优点，让他们成为自己最亲近的大臣。魏征也是李世民身边善于谏言的一个人，专门向皇帝提意见，分析利弊，唐太宗李世民干脆封他为谏议大臣，专门让他提意见，发挥他的长处。李世民尤其善待功臣。贞观十二年李世民让当时的名画家阎立本把为他立下大功的长孙无忌、房玄龄等 24 个开国功臣按真人大小画像，挂到凌烟阁上。想念他们的时候就登上凌烟阁看，遥想当年金戈铁马、气吞万里如虎的情景，总是激动万分，感慨不已。从此之后登凌烟阁就成为臣子最高的荣誉，当然李世民也合理约束大臣，时常对他们的不足提出劝告。李世民这些用人之道曾国藩是倾心佩服的。

当然中国历史上还有很多皇帝也善于招揽和使用英才，比如汉武帝，他把很多英才集合在身边，率领大军，深入大漠，平叛匈奴。如卫青、霍去病等都是非常了不起的人。康熙靠的也是身边的一批能人、贤臣，比如张廷玉、周培公等。

这些都使曾国藩深深懂得"治理国家领袖是核心"的道理。得人才者得天下，但怎样才能使这些人才能全力以赴地帮助自己成就大业呢？古人说"士为知己者死"，所以用其人必须得其心，得到他的认可、信任，人才才会为你尽其智、尽其力。我们说诸葛亮对刘备能够鞠躬尽瘁、死而后已，是为什么？就是他为刘备三顾茅庐的诚意所感动，所以竭尽一生的心力忠心辅佐。明太祖朱元璋也深知这一点，所以当时陈兆先率 3 万士兵来投降的时候，他马上在3万降兵中选了500士兵作为亲兵，把他原来的亲兵换下，当晚作为贴心护卫为他守候，自己放心卸甲睡觉。这种高度的信任与托付使得3万士兵从此死心塌地追随朱元璋，永无反叛。

曾国藩看到了这些很受启发，所以一直坚持"为政之要，唯在得人。用非其才，必难治政"。因此曾国藩一开始就坚持"国家之强以得人为强""得人才者得天下，得人心者得人才"。只有真正地拥有众多的杰出人才，并得到他们真心的拥戴，国家强盛才有希望，自己安邦济民的志向才能够实现。当然曾国藩也能看到自己的一些弱点，认为自己"不如舜、不如周公"，因此曾国藩从他从政开始就把人才放在决定事业成败的首位，他到任以后就要各级政府和朋友推荐人才。他幕府中的名士都是各级政府向他推荐的，这些人才都是当时中国政治、军事、工程技术上的优秀人才。此外曾国藩每到一个地方还到处张贴布告，用布告来征集人才。曾国藩的幕府网罗了当时最优秀的人才，在政治、军事、经济、文化、外交方面都打开了新的局面。

鉴人有术，冷眼识英才

曾国藩认为办事不外乎用人，用人就必须先识人，所以善于知人识人是曾国藩最重要的领导术，看人眼光特别准是曾国藩最为人称道的一点。很多人还在年轻、草莽之时，曾国藩就能把他们找出来，全面分析他们的优点、缺点，把他们放在恰当而关键的位置。

事例一：他评价江忠源"此人必立名于天下，然当以节烈死"。1844年曾国藩当时还在京城翰林院时，有一次郭嵩焘带着江忠源来拜会曾国藩。郭嵩焘和江忠源都是湖南人，江忠源当时仅仅是个举人，也没有什么职务，但对人豪放不羁，非常豪迈。3 人谈话谈得既投机又非常高兴。事后曾国藩评价江忠源称："此人必立名于天下，然当以节烈死。"7 年以后的 1851 年，太平天国起事，像烈火般地燃遍大江南北。1852 年太平军从水路沿着汉江进攻湖南，在此危急之时，江忠源阻止太平军前进，这是清军连连败退以后打的第一个大胜仗，江忠源因战功被封官，果然立名于天下。1853 年，江忠源率领军队镇守庐州，庐州就是今天的合肥。在太平军的猛攻之下，江忠源亲自率兵英勇抗战。但因江忠源久病，又受了伤，最终无法抵抗。江忠源为了不被俘，就踢开护卫跳水而死，真应了曾国藩 9 年前说的话"以节烈死"。这说明曾国藩判断人很有水平，非常准确。

事例二：评刘锡鸿和陈兰彬。曾国藩后来任两江总督的时候，很多人向他推荐人才，其中就有一个叫刘锡鸿，一个叫陈兰彬，这两个人当时在江南一带都很有名，很会写文章，善于评论天下之事。曾国藩跟他们长谈了以后，有人就问曾国藩，你对这两人有什么看法？曾国藩说我看这个刘生满脸稚气恐不保善终；陈生说话比较踏实，办事沉稳，官可以当到三品、四品，但太胆小了，没有什么大的作为。这是他对他们两个人的评价。曾国藩去世后，刘锡鸿自命不凡，对人傲慢，好显露自己，认为老子是天下最能干的，经常写信去告状，甚至连当时主持政务的李鸿章他也看不惯，他认为李鸿章还不如他，所以他也要去告状。你想当时清王朝处于危机当中，清政府忙于办理军事、外交大事，所以根本不理会刘锡鸿。刘锡鸿气愤难平，常出言不逊，还曾上书列举李鸿章十大可杀之罪，并逢人就骂，后来他的朋友都不大理他，他请客、吃饭一个人都不来。他最后也就郁郁而终了。陈兰彬办事确实比较稳妥，文笔也很不错，是中国第一批小留学生，后来官升到三品。他办事很稳重，但是他怕承担责任，最后没有什么大的建树，平庸而终。他们都应了曾国藩对他们的预言。

事例三：对李鸿章所荐三人的评价与使用。曾国藩是李鸿章的老师，李鸿章在考秀才以前就跟着曾国藩学了，因为李鸿章的父亲和曾国藩是同年考上进士的，是朋友。一次李鸿章带了3个人，请曾国藩看一下是否可用。当时曾国藩不在家，这3个人在客厅里等他。曾国藩回来以后，就非常平静地观察了这3个人，然后把这3个人叫到身边来，和他们谈了话。让这3个人走了以后，曾国藩就告诉李鸿章：左边那个人一直低头，不敢仰视，谨小慎微，很少说话，但是我看他办事很沉稳，做事情很有主见，而且恭敬厚重，这个人可靠，你可以让他管钱粮、马草等；中间这个人表面上恭恭敬敬，我离开客厅以后，他就左顾右盼，四处窥视，到处找人打听情况，还牢骚满腹。这个人办事可能是阳奉阴违、投机取巧，不能用。右边那个人一直站在那里，不骄不躁，挺然而立，双目之间有一股浩然之气；说话答问题不卑不亢，很有见地，是个人才、是个大将之才，你应该重点培养、扶持，但这个人性情太秉直了，很可能会受口舌之祸。果然这个大将之才就是后来淮军的第一勇将、立下大功、担任台湾首位巡抚的刘铭传。不过正如曾国藩所说的，刘铭传确实打下台湾，立下大功，但是他说话太耿直，得罪了很多人，后来还是被小人所伤，黯然离开台湾。

事例四：重用引进西学的容闳。在曾国藩所在的时代，中国出国留学的人是少之又少，对国外的很多先进的工业技术知之甚少。中国政府对外国人持两种态度：要么一味讨好，要么盲目排外。曾国藩特别看重西方先进的科学技术、经商的人才对中国的用处。容闳是中国第一个在美国耶鲁大学取得学位的人，对中国近代走向世界起了很大的作用。曾国藩对容闳的重用最能够体现曾国藩的用人原则。当有人向他推荐容闳的时候，曾国藩立即表现出了很大的兴趣，说赶快把容闳请来，我和他好好谈一谈。第一次见面曾国藩就虚心地向容闳请教中国怎样才能富强，容闳谈了他的看法。容闳说中国应该尽快地向西方学习，引进西方科学技术以自强；要尽快地建立机器厂，有了机器厂就可以制造枪炮、轮船和其他机械产品。曾国藩认为容闳这些建议非常有见识，而且切实可行。当时中国能够接触近代科学技术的人非常少，为了留住这个不可多得的人才，曾国藩当场就委以容闳重任，让他去拿个方案出来，回答中国怎么办？第二次见面，看了容闳的方案后他马上就给容闳 6.8 万两银子，让容闳想办法从美国进口全套建立机器母机厂的设备。容闳当然很高兴，觉得投对了人，得到了极大的鼓励，也看到中国发展近代工业的希望。容闳历尽艰难险阻，终于把在美国采购的能够生产机器的全部生产线运回国，中国才终于建起了近代第一家机器制造厂安庆军械所。容闳没有参加过举人、进士的考试，但在曾国藩的保举下做了四品官。此外曾国藩还大力支持李鸿章创办江南制造局，支持陈宝珍、左宗棠建立福州船政局，支持丁日昌创办近代海军，先后派多人去美、英等国家学习先进的技术。曾国藩幕府的重要人物最后都带回了很多先进的技术和外国的经验。他们都受过曾国藩的培养和扶持，对中国近代化做出了重要的贡献。从此中国才有了近代化的军工厂，中国的近代工业才有了开始。

用人之道，以推诚得人心为本

曾国藩开始受命组建湘军的时候，并没有卓越超群的文治武功，更不会带兵打仗。他开始都是打败仗，曾几次要自杀，但是最后他却建立了功业，其中最重要的原因就是他具有善于发现人才、培养人才、使用人才、驾驭人才的非凡才能。而他善于使用人才最根本的一点就是"用人之道，以推诚得人心为本"。曾国藩认为诚信是人的立身之本，是全部道德的基础，只有讲诚信的人才值得信赖，才值得委以重任。所以诚信比任何其他品质都宝贵，诚信的人更容易赢得别人的尊重。中国的古话"待人以诚，天下归心"。

什么叫推诚？就是以最诚挚的心去对待。曾国藩认为用人要真心实意，视才如宝，以诚待人是最好的盟约，"无诚则无本"。诚是忠诚、真诚；信是可信、信任。诚心是自处之道，凡事都要诚心诚意去做；诚信是待人之道，对任何人都要讲诚信、讲信用。对湘军兵士素质的要求是要诚实、朴实；而对湘军将领则要求对人精诚，对国家要有一种赤诚的心。

曾国藩坚持推诚相待，以得人心为本。如果我们说曾国藩有什么权术，这应该算是最高的权术了。当然曾国藩也有严格的一面，一旦有人违背了他的原则和命令，哪怕是救过他命的恩人，照样严惩不贷。湘军一开始都是打败仗，一看到太平军就逃跑。当时有一个军官叫金松龄，是曾国藩的妹夫，他带头逃跑，最后在追究责任的时候曾国藩先斩金松龄。有一个叫李元度的人，曾国藩三次跳水自杀，有两次都是李元度把他救上来的。但李元度在守徽州的时候没有听曾国藩的话，出城挑战，不到两天就把徽州丢掉了。所以曾国藩严惩李元度。这就是他的严惩不贷。曾国藩这种两手抓的办法既抓住了人心，也管住了人身，这就是他取得成功的奥秘。

用人的原则

曾国藩有很多用人的原则，比如说有操守无官气、多条理少大言。操守一是要有节操，品行端正，不会为个人利益损害集体利益。二是要有气节，有临事不惧、临危不苟的胸怀与修养。多条理是思考周密，说话有条理；少大言是没有夸夸其谈、大言不惭的毛病。对德与才的关系，曾国藩认为德是最重要的，德是水之源，才是水的波浪。用人首先要看德，道德良好的人才能用。对学和识的关系，曾国藩认为识是最重要的，识是见识，是一个人素质中最重要的。有见识的人才能看得长远，不被眼前小利蒙蔽。

对于将才的硬性要求，曾国藩深深懂得一支军队"千军易得，一将难求"，真正的将才决定了战争的胜负和国家的兴衰，因此曾国藩对将才的要求很高，将才必须符合以下三个硬性的要求：第一，将才必须智谋深远、有诚信，能够统兵、带兵，懂得行军打仗；第二，将才必须爱民如子，号令严明，奖惩分明；第三，将才必须坚韧不拔，要临大敌不惧，敢于冲锋陷阵、吃苦耐劳。具备这三条才能够当湘军的将领。

此外曾国藩认为有三种人不能用。第一，表现欲过强的人。这种人性格浮躁，喜欢表现自己，不顾大局，所以不能用。第二，修养很差、轻浮油滑的人。这种人容易做出破坏国法军纪的事，很容易给组织带来麻烦，所以不能用。第三，名声很糟糕的人。这种人很容易成为众矢之的。

在曾国藩眼里，真正的将才才是真正的英雄。他们忠君爱国，攻城略地，百战不殆，守卫要津如铜墙铁壁。此外，真正的将才有种无形的威慑力和凝聚力，能使天下的英雄都听命于他。比如岳飞，他在北伐途中，天下英雄纷纷来投。而戚继光在镇守北方边境及平倭寇的时候也有很多人投奔于他。他们统率的岳家军、戚家军非常了不起。

图书在版编目（CIP）数据

深圳市民文化大讲堂 2019 年讲座精选：上、下册/
吴定海主编 . -- 北京：社会科学文献出版社，2022.10
　ISBN 978 - 7 - 5228 - 0254 - 1

　Ⅰ. ①深…　Ⅱ. ①吴…　Ⅲ. ①社会科学 - 文集　Ⅳ.
①C53

　中国版本图书馆 CIP 数据核字（2022）第 103911 号

深圳市民文化大讲堂 2019 年讲座精选（上、下册）

主　　编／吴定海

出 版 人／王利民
责任编辑／张建中
责任印制／王京美

出　　版／社会科学文献出版社·政法传媒分社（010）59367156
　　　　　地址：北京市北三环中路甲 29 号院华龙大厦　邮编：100029
　　　　　网址：www.ssap.com.cn
发　　行／社会科学文献出版社（010）59367028
印　　装／三河市尚艺印装有限公司

规　　格／开 本：787mm × 1092mm　1/16
　　　　　印 张：18　字 数：213 千字
版　　次／2022 年 10 月第 1 版　2022 年 10 月第 1 次印刷
书　　号／ISBN 978 - 7 - 5228 - 0254 - 1
定　　价／128.00 元（上、下册）

读者服务电话：4008918866